CRONICA

DE

AZTLAN

CRONICA DE AZTLAN

A MIGRANT'S TALE

ARTURO ROCHA ALVARADO

A QUINTO SOL BOOK
1977

QUINTO SOL PUBLICATIONS, INC.
P.O. Box 9275
Berkeley, California 94709

First Printing: August 1977

Library of Congress
Catalogue Card Number   77-85180

ISBN   0-88412-107-0

Illustrations for **Cronica De Aztlan**

by

JOSE LUIS NAREZO

EDITOR'S INTRODUCTION

It is too bad that more book publishers do not make an effort to publish the direct expression of farm workers, in this case the migrant farm workers. Maybe this is one of the reasons why so little seems to be known by the general public about this way of life, about the hardships, the long weeks and months on the road travelling in the back of a truck, about illness in a strange town, on-going efforts to obtain better working conditions, the devastating consequences of bad weather, and the difficulties in obtaining a decent education for the children of the migrants.

For these reasons, this book by Arturo Alvarado is welcome as a means of informing people about the migrant agricultural workers, their way of life, and the vital role they play in bringing food to all of our tables. In this book we also learn that the migrant agricultural population is made up of many different people representing almost every ethnic group in this country.

This book tells us more. In it we see firsthand the unfailing spirit of hope that is so characteristic of migrant workers. We see hope for better economic conditions, for better health care, for a means to survive the winters, for a means to have available better credit conditions, and for a better education for all of their children.

We, ourselves, have hope, too. We wish that the hopes of the migrant agricultural workers come true, so that they can then join all the others in this land who lead a better life because of good work well done.

CRONICA DE AZTLAN is a series of accounts of what it was like, and is, to be migrant agricultural workers whose winter headquarters were, and are, in the Rio Grande Valley in deep south Texas. It is about people who travelled, and travel, virtually throughout the United States from Florida to Hawaii in search of work and a livelihood.

In CRONICA, the migrant workers are human beings who

seek work, who want an education for their children, who struggle for justice, and who are philosophers in their own right.

I first met Arturo Rocha Alvarado when he was a thirteen year old migrant worker in south Texas. I was doing field work in anthropology. Even then, Arturo was an avid reader who, because of the necessities of migrant life, tried almost daily to educate himself since he was in the fields so often and absent from school.

He loved books, and does so to this day. In Madero, Texas, where I was doing fieldwork, every migrant's home had books for the family to read. As a migrant himself, Arturo Alvarado visited libraries from Texas to Ohio, to Illinois, and to Michigan where he resides today.

For him, as for so many other migrants, books symbolized hope.

And there is something else, which is the migrant experience itself, and the hope one cannot help but feel upon seeing a carrot grow, a sugar beet ripen, the geese flying south for the winter, or the white dove in the mesquite. Perhaps this is why, in a recent letter from Arturo Alvarado, he characterized himself as ". . . a dropout from the Migrant Academy."

When he said this, I knew what he meant.

His book, hopefully, will help us to drop back in to this way of life which touches the lives of every one of us.

Octavio I. Romano-V., PhD
Senior Editor
Quinto Sol Publications

María Ester Goiri
Associate Editor

CRONICA DE AZTLAN

PART ONE

TEXAS – OKLAHOMA, SOUTH DAKOTA, ILLINOIS, MICHIGAN, OHIO, KANSAS – TEXAS

CRONICA DE AZTLAN

PART TWO

EL PUNTO ORIGINAL DE INVIERNO DE LOS MIGRANTES
EN EL SUR DE TEXAS

PART ONE

TEXAS — OKLAHOMA, SOUTH DAKOTA, ILLINOIS

MICHIGAN, OHIO, KANSAS — TEXAS

DEL VALLE DEL RIO GRANDE

A LAS TIERRAS

DE OPORTUNIDAD DEL NORTE . . .

Durante un día caliente de primavera, una familia migratoria estaba empacando provisiones esenciales para su largo viaje norteño. El aire caliente, seco, penetraba cada parte de su casa y enfadaba a sus habitantes. Toda la casita ya estaba muy caliente, debido a la gran calor que invadía la región.

Afuera, las olas de la calor estaban bailando en la distancia, mientras lagartijos rayados corrían a través de la tierra seca y quebrada. Para quebrar la monotonía, las palomas de alas blancas cantaban sus canciones tristes, como si supieran que los seres que los mantenían diariamente, se les irían por un largo tiempo.

Un troque de una tonelada y media, tenía que ser preparado para que los viajeros pudieran ser protegidos del sol caliente y de las tormentas impredecibles. Después de llevar el vehículo al garaje, los umentos fueron puestos en su lugar. El umento de atrás tendría una puerta para que la gente pudiera entrar y salir. Debajo de la plataforma del troque, una escalera fue puesta para ser usada por la gente, cuando se prestara la oportunidad. Un barrote de dos por cuatro era puesto a través del centro, mientras una lona sobre el barrote del centro llegaba a los lados de los umentos y allí la amarraban.

FROM THE RIO GRANDE VALLEY

OF TEXAS TO THE

NORTHERN LANDS OF OPPORTUNITY . . .

During a hot Spring day a migrant family was packing essential supplies for their long northern journey. The hot dry wind penetrated through every part of the house and annoyed its inhabitants. The entire little house was already very hot due to the heat which invaded the region.

Outside, the heat waves were dancing in the distance while lizards ran across the dry, cracked earth. To break the monotony, white winged doves sang their mournful tune as if they knew that the people who fed them daily would soon be gone for a very long time.

The ton and a half truck had to be prepared so that the travelers would be protected from the hot sun and the unpredictable storms. After taking the vehicle to the garage, the side racks were put in place. The tail-gate would have a door so that people could go in and out. Under the flatbed of the truck a ladder was placed for the convenience of the people later on. A two-by-four beam was attached lengthwise over the center while a tarp was draped over and down the sides and attached by ropes.

Across the cab a one-by-four was nailed and placed over

A través del umento de enfrente, un barrote de uno por cuatro, estaba clavado y puesto sobre la lona para que no sacudiera. Esta precaución necesaria detendría la lona de sacudirse y romperse.

Cuando todo este trabajo terminara, el troque tendría un cuarto que se parecería a una carpa. El troque ya estaba listo para cargar las cosas esenciales que los migrantes necesitarían para su viaje norteño.

Juan Sánchez empezó a cargar su troque y a pensar en las razones por que tenía que irse. La temporada del invierno había dañado las cosechas del valle. Como se esperaba, mucha gente había pasado hambres y estaban cubiertas de deudas a los contratistas del norte. Juan había pedido dinero prestado para cada miembro de su familia, para seguir existiendo a través del invierno cruel.

La temporada de la primavera tardía estaba ya extremadamente caliente. Como consecuencia, las cosechas no estaban tan buenas y abundantes como en otros años. Trabajo que no era de agricultura, estaba escaso. El empleo de la labor también era agarrado por gente de tarjetas verdes. Esta gente a diario, cruzaba el puente legalmente y regresaban a sus hogares de México por la tarde. Para complicar más la situación, mojados conseguían empleo y de una manera, no los miraban en sus largavistas los verdes.

La familia Sánchez no tenían otra chance más que irse a otras áreas llenas de verdura y esperanza. Concepción, la esposa de Juan, estaba sentada en una silla, pensando en su larga ausencia de la casa y como iba a dejar solo todo lo que tenían. Su pequeña casita de tres cuartos de dormir, fue hecha en un acre de tierra que era de ellos. Concepción y su esposo habían hecho una noria que daba bastante agua fresca, por medio de un motor eléctrico.

La familia había plantado muchas rosas diferentes, boganvileas coloradas y anaranjadas, jasmines blancos, varios árboles de naranjas y laureles colorados y obscuros. Despaciosamente a través de muchos años de necesidades, ellos habían amueblado

the tarp to keep it from flapping. This necessary precaution would keep the tarp from ballooning and tearing.

After all was done, the truck would have a room resembling a tent. It was now ready for loading the essential things which the Migrants would need for their northern journey.

Juan Sánchez began to load his truck and to think about the reasons for their leaving. The winter season had severely damaged the Valley crops. As a result, many people had gone hungry and they were now heavily in debt to northern field contractors. Juan had borrowed money for every member of his family in order to survive the hard winter.

The late spring weather was now extremely hot. As a result the crops were not as good and plentiful as in other years. Non-farm employment was scarce. Farm jobs were also taken by Green Carders. These people would daily cross the border legally and return to Mexico in the evenings. To further complicate the situation, Wetbacks would obtain work and somehow escape the binoculars of the border patrol.

The Sánchez family had no choice but to migrate to hopefully greener pastures. Concepción, Juan's wife, sat on a chair, thinking about their long absence from home and about having to leave everything behind. Their small three bedroom house had been built on an acre of land they owned. Concepción and her husband had dug a well which provided plenty of fresh cool water by means of an electric pump.

The family had planted colorful roses, red and orange bouganvillea, white jasmines, several citrus trees, and red, dark laurels. Slowly, throughout many lean years, they had furnished their home. The thought that all of their belongings, accumulated through hard work, could be lost mortified Concepción. She thought about her animals that would now be left behind to be taken care of by neighbors. She hoped that everything would be all right when they returned from the harvest. The house would be under the good hands of their compadre.

María, their daughter, had been told about the storms in the Midwest. She hoped that the rough storms would not

Cuando todo este trabajo terminara, el troque tendría un cuarto que se parecería a una carpa. El troque ya estaba listo para cargar las cosas esenciales que los migrantes necesitarían para su viaje norteño.

After all was done, the truck would have a room resembling a tent. It was now ready for loading the essential things which the Migrants would need for their northern journey.

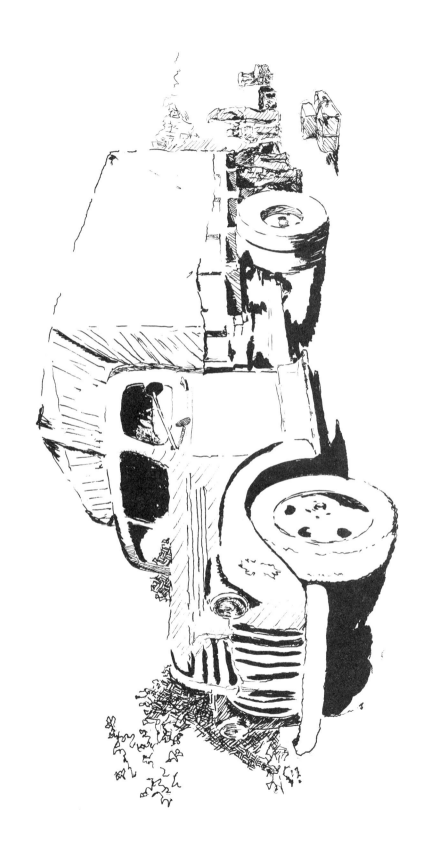

su casa. El pensar en que todas sus cosas acumuladas por mucho trabajo se pudieran perder, mortificaba a Concepción. Pensaba en sus animales que se tendrían que quedar, para ser cuidados por vecinos. Esperaba que todo estuviera bien cuando regresaran de las cosechas. La casa se quedaría en las buenas manos de su compadre.

A María, su hija, le habían dicho de las tormentas del Medio Oeste. Esperaba que tales tormentas horribles no aparecieran hasta que llegaran a su destinación norteña. Ella, le temía al granizo y a los relámpagos. Rezaba para que los tornados no aparecieran a través de los llanos norteños.

La familia Sánchez se apuraba. No tenían dinero para quedarse en hoteles cerca del camino. El mal tiempo los podía detener. María esperaba que el viaje fuera ideal y que no hubiera accidentes. Dios, Nuestro Señor, nos ayudará.

José Luis, su hijo, también pensaba en las principales razones por que los chicanos vivían en la pobreza, y en las influencias negativas que los rodeaban. ¿Por qué los trabajaban los gringos como una raza inferior? José continuó con los encargos de la familia, mientras muchas soluciones diferentes cruzaban su mente juvenil. José Luis había estado discutiendo su viaje norteño con algunos de sus amigos migratorios y varios detalles lo mortificaban.

Muchos migrantes tenían que pasar sitios de inspección, donde los oficiales blancos de la migración, les preguntarían como si fueran extranjeros. Pasarían a través de interrogaciones humillantes, simplemente porque eran chicanos de habla española.

Esos oficiales de migración justificaban sus acciones, porque muchos mexicanos se querían ir al norte. También en los estados norteños, los migrantes serían severamente interrogados y tendrían que tragarse su coraje, los oficiales los podían tener en su furioso poder y detener por muchos días, un gran desastre para la raza. Cualquier detención podía empeorar el ánimo de la gente y dañarles económicamente.

José Luis continuó pensando en algunos de sus amigos que

appear until they had reached their northern destination. She was much afraid of lightning and hail. She prayed that twisters would not appear along the northern plains.

The Sánchez family was worried. They did not have money for motels. Bad weather would delay them. María hoped that the trip would be ideal, and that there would be no accidents. Dios, Nuestro Señor, nos ayudará.

José Luis, their son, was thinking about the principal reasons why Chicanos lived in poverty. He thought about the negative influences which surrounded them. Why did the Gringos treat them as an inferior race? José continued to load their personal belongings as all sorts of solutions crossed his young mind. José Luis had been talking about their northern journey to some of his Migrant friends, and some details perturbed him.

Many Migrants had to pass inspection sites where the White border patrol officers would ask them many questions, as if they were foreigners. Migrants went through humiliating interrogations simply because they were Spanish-speaking Chicanos.

The border patrolmen justified their actions because there were many Mexicans trying to go north. Even in the northern states the Migrants would be harshly interrogated and had to swallow their anger since the immigration officers could use their wrathful power to hold them for days, a disaster for Migrants. Any detainment would deteriorate the people's spirits and hurt them economically.

José Luis continued to think about some of his friends who had been Migrants. Their parents had gone through hell on earth to provide for their children, only to have so many snatched away to fight in foreign wars. Now many Migrant families would go north, and many of them would now lack a son or two.

As the Chicanos pondered such subjects, the sun was now setting, its orange rays quickly withdrawing from the environment.

The outlines of dark huizaches and mesquites could be

*José Luis continuó pensando en algunos de sus amigos que
habían sido migrantes. Sus padres vivieron un infierno en este
mundo para mantenerlos, solamente para que se los quitaran de
sus manos, llevándolos a pelear a guerras que ellos ni sabían que
existían. Ahora muchas familias migrantes se irían al norte, y a
muchas de ellas, les hacía falta algún hijo o dos.*

*José Luis continued to think about some of his friends
who had been Migrants. Their parents had gone through hell on
earth to provide for their children, only to have so many
snatched away to fight in foreign wars. Now many Migrant
families would go north, and many of them would now lack a
son or two.*

habían sido migrantes. Sus padres vivieron un infierno en este mundo para mantenerlos, solamente para que se los quitaran de sus manos, llevándolos a pelear a guerras que ellos ni sabían que existían. Ahora muchas familias migrantes se irían al norte, y a muchas de ellas, les hacía falta algún hijo o dos.

Cuando los chicanos repasaban tales ideas en sus mentes, ya se estaba anocheciendo y los rayos del sol anaranjados, rápidamente, se retiraban del ambiente.

Las trazas de los huisaches y mesquites obscuros, podían ser vistos contra la luz del día que se retiraba. Las canciones de la paloma blanca, chicharras, chachalacas y chicos, llenaban el aire. Muy pronto, las casitas pequeñas tendrían sus luces puestas, y adentro, los chicanos continuarían discutiendo su existencia y sus problemas, como sus antepasados lo habían hecho antes que ellos. Muy pronto también, la brisa del Golfo de México se movería para dentro de la tierra, levantaría el aire caliente, bochornoso, y refrescaría los cuerpos de la gente cansada.

El señor y la señora Sánchez pensaban que su viaje tendría que hacerse en dos días, porque las compañías norteñas nomás les habían prestado dinero solamente para llegar.

Los niños se dormirían en la plataforma del troque, mientras María los cuidaría. Durante su viaje, los migrantes harían nomás las paradas necesarias para cargar gasolina. Los choferes se respaldarían. Una parada o dos, se harían en parques del camino, donde podrían comer, descansar e ir al servicio. Si no había servicios, entonces irían a los montes. Termos grandes, llenos de café caliente, mantendrían a los choferes despiertos.

Tenían que seguir su plan de viaje. Un bote grande lechero, tendría el agua fresca para beber. Unas cuantas cokas les serían útiles a esos que se marearían. Alguna comida era empacada en una canasta, para que todos pudieran comer cuando tuvieran hambre. Los migrantes tendrían la chance de hablar con gente, cuando hicieran paradas en las gasolineras y cuando llegaran a paradas de troques a levantar sandwiches y café.

Después de estar seguros que todo estaba en orden, la familia Sánchez le rezó a Dios Todopoderoso, para que les diera la

seen against the receding daylight. The songs of the paloma blanca, chicharras, chachalacas, and chicos filled the air. Soon the small houses would have their lights on, and within, Chicanos would continue to discuss their existence and their problems, just as their ancestors had always done before them. Soon, also, the breeze from the Gulf of Mexico would begin to move inland, lift the hot sultry air, and refresh the people's tired bodies.

Mr. and Mrs. Sánchez felt that their journey had to be made in a couple of days since the northern companies had only loaned them money for that purpose.

The children would sleep on the flat floor of their truck while María would take care of them. On their journey the Migrants would only make essential stops for gas. Drivers would alternate. A stop or two would be made at lonely roadside parks where they could eat, rest, and go to restrooms. If no restrooms were provided, they would go to a wooded area. Large thermos jugs were filled with hot coffee to keep the drivers awake.

They had to keep their schedule. A dairy milk can would provide fresh drinking water. Cokes every now and then would be helpful for those who got dizzy. Food was packed in a basket so that everyone could eat whenever they became hungry. The Migrants would have a chance to talk to people whenever they made stops at gasoline stations and when they would arrive at truck stops to pick up sandwiches and coffee.

After making sure that everything was in order, the Sánchez family prayed to God Almighty to help them solve their problems and to enable them to escape their great predicaments. They knew that His Bounty and Goodness were great, and His justice would be done in good and bad times. If they were good people, God would bless and protect them, as doves protected their young.

When the hour of departure arrived, the elder members of the family said their farewells to their relatives and friends who had come for the occasion. The family promised to call or write whenever they arrived at their destination. At that moment the

mano en resolver sus problemas y para ayudarles a escapar de sus grandes dilemas. Sabían que su bondad y generosidad eran inmensas y que su justicia sería hecha en buenos y malos tiempos. Si eran gente buena, los iba a bendecir y proteger como las palomas protegían a sus avecitas.

Cuando la hora de despedida llegó, los miembros mayores de la familia se despidieron de sus parientes y amigos que habían venido para esa ocasión. La familia prometió llamarles o escribirles cuando llegaran a su destinación. En ese momento, los niños ya estaban dormidos en el camión y despertarían a muchísimas millas de su hogar.

Después de haber escuchado, "Benditos de Dios y Vayan con Dios," la familia Sánchez se juntó con su troquero y con su caravana en un sitio predeterminado. Cuando los rayos del sol se desparramaron sobre el valle semitropical, los migrantes ya estaban a muchísimas millas de sus hogares. Para la familia Sánchez, el ciclo migratorio ya había empezado, como para muchísimos otros a través del país.

children were already asleep in the truck. They would wake up miles from home.

After having heard Benditos de Dios and Vayan con Dios, the Sánchez family joined their crew leader and the caravan at a predetermined place. When the rays of the sun spread over the semi-tropical valley, the Migrants were already miles away from their homes. For the Sánchez family, the Migrant Cycle had just begun, as it was beginning for so many across the land.

LA ENFERMEDAD

EN LAS LABORES DE ALGODON

DE OKLAHOMA ...

La noche era un mar de obscuridad, cuando un viento inquieto y lleno de murmullos estaba golpeando tres largas barracas para migrantes, hechas de lámina galvanizada. Los edificios solitarios hacían el impacto del aire aún más grande, porque todos estaban localizados en una loma sin árboles. El huésped mal venido, estaba constantemente apilando arena colorada-café contra los edificios golpeados y por un tiempo, parecía que los levantaría, si acaso no fueran clavados sus pisos de cemento con tornillos pesados.

Esperanza estaba sentada cerca de una cuna hecha a mano por su padre. Había estado cuidando su niño pequeño por dos largos días. Llegando de las labores, ese viernes pasado había encontrado a su bebé enfermo de cólico. Sabía que ese era el caso, porque el excremento del niño era verde.

Muy temprano en la mañana del sábado, le había preguntado al troquero que los llevara al doctor. El doctor gringo la había regresado con una prescripción. Ahora, ya era lunes y la condición del niño no mejoraba. No tenía más dinero para la enfermera del doctor, que demandaba el cobro cada vez que iban los migrantes a la oficina.

El predicamento desesperado de Esperanza la hizo correr a

SICKNESS IN THE

COTTON FIELDS OF OKLAHOMA . . .

The night was a sea of darkness as the whistling, restless wind was forever pounding three long Migrant barracks made of galvanized steel. The lonely buildings made the impact of the wind greater since all were located on a treeless hill. The unwelcome guest was constantly piling red-brown sand against the battered buildings, and for some time it seemed that the buildings would be blown away if they had not been fastened to the cement floors with heavy bolts.

Esperanza sat near a homemade baby crib which her father had made. She had been taking good care of her infant son for two long days. Arriving from the fields that past Friday she had found her baby sick with colic. She knew that this was the case, for the baby's excretion was green.

Early on a foggy Saturday morning she had asked the crew leader to take them to see a doctor. The White doctor had sent her back with a prescription. Now it was Monday and the child's condition did not improve. She did not have more money for the doctor whose nurse always demanded fees from Migrants.

Esperanza's desperate predicament made her run to another building to get an old wrinkled woman who knew about

otro edificio, para traer a una mujer vieja y arrugada que sabía
como curar. La anciana abrió la puerta y vió a una Esperanza
cansada y llena de lágrimas. Había conocido a la señora joven
desde niña, cuando era muy alegre y se había desarrollado en
una mujer morena y simpática. La anciana pensaba que la joven
se había casado con un hombre muy trabajador. Inmediata-
mente sintió que Esperanza había venido por ayuda y consejos.

Su cara arrugada le daba autoridad y respeto por su larga
existencia y larga experiencia. En un tiempo, ella también había
tenido mejillas color rosa y un hermoso cuerpo. Ahora su cara,
pechos y cuerpo, estaban todos marchitos por los cambios constantes que el tiempo trae a todos los seres vivientes.

Sentados alrededor de una lunbre, los migrantes morenos
habían escuchado las muchas historias de la ancianita, escuchaban de la invasión francesa, cuando los padres escondían sus
hijas de los invasores; de las hazañas de Villa, en donde ella
había tenido parte; de las manadas de reses de sur Texas a Kansas; y especialmente del Valle del Río Grande, antes que los
gringos y los soldados de estos se hubieran mudado a sus tierras.

Doña Prudencia recordaba que estas historias se habían
dicho por muchas generaciones. Tal vez algún día, corridos del
oeste chicano preservarían las tradiciones y serían cantados por
hombres y mujeres que amarían su tierra y la manera de vivir de
su gente. La mano del tiempo había cambiado las Grandes Llanuras. Los indios estaban encarcelados. Los búfalos ya no existían como antes. Los mesquites, huisaches y palos blancos también se irían del escenario. Las máquinas ya habían hecho sus
grandes hazañas erradicando la vida silvestre del valle, la javalina, venados, coyotes y chachalacas.

Las dos mujeres despaciosamente, caminaron al cuarto que
estaba calentado por una estufa de petróleo de dos quemadores,
que también daba la mayor parte de luz al cuarto. La anciana
levantó a la criatura en sus brazos y comenzó a rezar. Muchos
rezos para diferentes ocasiones eran enseñados a los niños migrantes, para que tales rezos les pudieran dar alguna seguridad
durante tiempos de adversidad y de desesperación. La anciana

healing. The old woman answered the door and saw a tired and tearful Esperanza. She had known the young señora since childhood when she had been all smiles and had grown to be a nice, charming brown lady. The old woman felt that the young girl had married a good, hard working young man. She immediately sensed that Esperanza had come for help and advice.

Her wrinkled face gave her authority and respect because of her long existence and her experience. Once she had possessed rosy cheeks and a beautiful body. Now her face, breasts, and body were all withering away by the constant changes which time brings to all living creatures.

Sitting around a fire, the brown Migrants had listened to stories told by the ancianita. They heard about the French invasion when parents hid their daughters from the invaders; about Villa's exploits in which she had taken part; about cattle drives from South Texas to Kansas; and especially about El Valle del Rio Grande before the Gringos and their soldiers moved into their land.

Doña Prudencia recalled that these stories had been told for generations. Perhaps someday ballads about the Chicano West would preserve the traditions and they would be sung by young men and women who loved their land and their people's way of life. Time had changed the plains. The Indians were locked up. The buffalo were gone. The mesquites, huisaches and palos blancos would also soon be gone. The machines had taken their toll. The wild life of El Valle, the javalina, venados, coyotes, chachalacas, palomas blancas, and the codornices would also be gone.

The two women made their way slowly into the one room house which was warmed by a two burner kerosene stove which also provided most of the light. The old woman lifted the child in her arms and began to pray. Many prayers for different occasions were taught to many migrant children in order that such prayers would give them some security during times of danger and despair. The old woman had learned those prayers from her mother and father who were killed by the Gringos near the Rio

había aprendido estos rezos de su madre y de su padre, que fueron matados por los gringos cerca del Río Grande del Norte, un río que había sido testigo a la muerte de tantísimos seres.

En ese tiempo había sido niña escondida en los carrizos. Los vaqueros gringos habían pensado que esas gentes pacíficas estaban robando sus vacas. No había habido una línea fronteriza para la gente mexicana que vivía en ambos lados de ese río de la muerte. Recordó el incidente y por eso, sintió la angustia que Esperanza experenciaba, una desesperación terrible cuando la muerte se ve de cerca.

La viejita miró al niño y supo que pronto cerraría sus ojos y entraría a la región desconocida de la que nadie había regresado, nomás Dios y Lázaro. Habiendo visto a la muerte en una edad temprana, había vivido largo tiempo tratando de aprender, qué pudiera hacer para prepararse a tomar el largo viaje que algún día tendría que caminar.

¿Cómo le diría a Esperanza que ya no había remedio? ¿Cómo reaccionaría la muchacha? ¿Qué tendría que hacer para ayudar a la mujer?

Comenzó a aplicar algún aceite tibio en el cuerpecito del niño. Un té fue hervido y le dieron a beber al inocente. Estaba poniéndose más débil a través del tiempo. Un parche de romero y ruda fue puesto en la moyera, pero esto no estaba teniendo ningún efecto. Una protección contra el mal de ojo fue hecha con rezos y barriendo al niño con huevo.

Mientras hacía estos deberes, la anciana buscaba la manera de hablarle a la muchacha de mujer a mujer. "Esperanza, la experiencia me ha enseñado muchísimas cosas. Muchas veces he visto el sol salir y esconderse detrás del horizonte. Mucha gente ha venido y se ha ido, como muchos padres y su gente antes de ellos. Debemos aceptar que venimos a la luz de este mundo que primero observamos cuando abrimos nuestros ojos. Pero cuando ellos se cierren otra vez, regresaremos a otro lugar maravilloso que está lleno de luces de plata, nunca visto por la mayoría de la humanidad.

Si la gente es buena, Dios Todopoderoso, bendito sea su

Grande del Norte, a river which had witnessed the death of so many.

At that time she had been a little girl hiding in the carrizos. The Gringo vaqueros had thought that the peaceful Mexican people were stealing their cattle. There had been no boundary for the Mexican people who lived on both sides of that river of death. She recalled the incident, and because of it, she could feel the anguish which Esperanza was going through, a terrible despair at the sight of death.

La viejita looked at the baby and she knew that he would soon close his eyes and enter that unknown region from which no one had ever returned except God and Lazarus. Having faced death at an early age, she had lived a long time trying to learn what she could do in order to prepare for the long, inevitable journey which she had to take someday.

How could she tell Esperanza that there was no hope? How would the girl react? What must she do in order to help the girl?

She began to apply some warm oil on the baby's body. A tea was brewed and the infant was fed. The child's little brown body was getting weaker and time went on. A patch of romero and ruda was placed on the crown of his head, but this was not having much effect. A protection against the evil eye was performed with prayers and single sweep of an egg.

While performing these tasks the old woman searched for a way to talk to the girl mujer a mujer. "Esperanza, experience has taught me many things. Too many times have I seen the sun rise and fall behind the horizon. Many people have come and gone, like my parents and their people before them. We must accept that we came into the light of this world which we first saw when we opened our eyes. But when they close again, we will return to another wonderful place which is full of silver lights unseen by mankind.

If people are good, God Almighty, blessed be His name, will protect them from fear, and the people's great fear of death will be cleared by a life full of good deeds. When we die, we will

nombre, los protegerá del miedo, y el gran miedo de la gente por la muerte sería erradicado por una vida llena de obras buenas. Cuando nos muriéramos, no tendríamos una vida terrenal, pero sí un mundo espiritual en que contemplaríamos al que hizo el mundo. Después de un larga vida de buscar la bondad, hallaríamos todo en El, que todo lo sabe. Habemos hecho todo lo que en nuestro alcance está, y nomás que llegue tu esposo joven, iremos a ver al doctor americano otra vez."

Esperanza sintió que Dios no debiera llevarse su hijo. Sabía que no había tenido la oportunidad de formar su destino. Sabía en lo más profundo de su ser que sus entrañas se le amarraban. Sintió la experiencia honda y amarga y vacía, que cada madre sufre en perder sus hijos. Cuando llegó el momento de llorar un llanto que podía quebrar a un hombre fuerte, tenía a la anciana para confortarla.

Ese lunes en la tarde, en el hospital, se murió el niño en los brazos cariñosos de su madre. El doctor sabía de la medicina que le fue prescrita, pero nunca sospechaba lo que había pasado en el campo migratorio. Esto era estrictamente entre la pareja joven y la anciana.

Los migrantes y la anciana dejaron el hospital y se fueron a su mundo, un campo migratorio en una loma airosa en el suroeste de Oklahoma.

Lazarito fue enterrado en un cementerio en las orillas del pueblo más cercano. El señor Brewer, el ranchero, atendió el funeral con los migrantes quemados por el sol y cuyas caras enseñaban los efectos desagradables de un sol hostil. Ese día Esperanza se quedó en la casa y el resto de la gente regresó a las labores. En el día siguiente, ella también regresó al trabajo.

El ranchero le dió a los trabajadores ropa y vasijas de cocinar, y les dió consejos en hacer hogares permanentes y en tratar más duro en hacer ahorros. La gente continuó a limpiar las grandes labores de algodón cubiertas de un mar de hierbas.

El sol se estaba poniendo más caliente cada día, la tierra regada se estaba quebrando. Durante los días calientes y polvosos, la arena ventiaba derecho a ellos mientras grandes hierbas

not have an earthly life, but a spirit world in which we will contemplate Him who created the universe. After a long life of longing for the Good, we will find fulfillment in Him who knows everything. We have done all we can, and as soon as your young husband returns, we'll go see the Americano doctor again.''

Esperanza felt that God should not take her son. She knew that she had not had the opportunity to shape his destiny. Deep inside she felt her insides tangle up. She felt the deep, painful experience which every mother went through in losing their children. When she did break up in a wail that could even break a strong man, she now had the old vieja to comfort her.

That Monday evening, at the hospital, the infant died in his mother's loving arms. The doctor knew about the medicine which had been prescribed, but never did he suspect what had gone on at the migrant camp. That was strictly between the young couple and the old lady.

The Migrants left the hospital with the old woman, heading toward their own world, the Migrant camp on a windy hill in southwestern Oklahoma.

Little Lazaro was buried in a cemetery at the edge of the nearest town. Mr. Brewer, the ranch owner, attended the funeral with the sunburned Migrants whose faces showed the harsh effects of an unfriendly sun That day Esperanza stayed at the camp while the rest of the people returned to the fields. On the following day, she, too, returned to work.

The ranch owner gave the workers clothes and cooking utensils, and he gave them advice on settling down as well as advice on trying harder to save. The people continued to clear the large cotton fields covered with a sea of weeds.

The sun was getting hotter every day, and the irrigated earth was cracking. During the windy and sandy days, the sand would blow straight at them while tumbleweeds would come rushing out from nowhere to beat against the Chicanos who had to take off the many little thorns from their clothes.

The Johnson grass and the prickly burr weeds seemed to

que saltaban y salían de dondequiera chocaban contra los chicanos y hacían a esta gente quitarse las muchas espinas pequeñas de sus ropas.

El sacate Johnson y los cadillos parecían crecer más rápido y más rápido. Cada tiempo que el sacate era cortado, un jugo verde salía de la víctima y daba un olor que mortificaba.

Una tarde, una tormenta hizo a los migrantes irse de las labores. En el camino a sus barracas, podían ver grandes nubes obscuras ennegrecer el horizonte. Acercándose la tormenta, la lluvia parecía enblanquecer un área inmensa y daba una brisa refrescante que enfriaba sus cuerpos calientes y sudosos. Todo olía fresco mientras la tierra humeante y receptiva, recibía el regalo de los cielos abiertos.

Conejos y liebres sorprendidos, podían ser vistos corriendo del camino, mientras el aleteo de las codornices se podía oír. La lluvia invadió los hogares de los perritos de las llanuras y las ratas que vivían cerca de los nopales y tendrían un tiempo difícil porque corrientes de agua llovediza entrarían a sus hogares. Las palomas se sentaban en sus nidos para proteger sus avecitas, mientras la tormenta grande de truenos y relámpagos se pasaba.

Mientras los chicanos observaban, gozaban la deleitación como las gotas de lluvia fresca daban vida a un área arenosa, con lomas de piedras llenas de nopales y chaparral.

Que magnífica era la tierra santa que mantenía tantas clases de seres.

Las plantas de algodón continuaron a crecer, mientras la temporada de arrancarlas y limpiarlas se iba acabando.

Muchos migrantes estaban enfermos de cólicos y calambres. Otros estaban enfiebrados. Se hizo aparente que el agua de beber de la cisterna era la culpable. El ranchero pagó por los gastos médicos y comenzó a traer agua diariamente al campo migratorio. Después que la enfermedad pasó, el trabajo comenzó otra vez y pronto el deber de la gente se cumplió.

Esperanza y su esposo decidieron permanecer después que se fueron los migrantes. El trabajaría como una mano en el rancho y recibiría sueldo cada dos semanas. Muchos migrantes ya

grow faster and faster. Every time the grass was cut a green juice would come out on the victims and give out an annoying smell.

One afternoon a thunderstorm made the Migrants leave the fields. On their way to their barracks they could see the heavy dark clouds darken the horizon. As the storm came nearer, the rain seemed to whiten an immense area and gave off a refreshing breeze which cooled their hot and sweaty bodies. Everything smelled fresh as the steaming, receptive earth received a gift from the opened heavens.

Surprised rabbits could be seen running off the road, while the flutter of quail could be heard. The rain invaded the homes of the prairie dogs and the rats living near cactus would have a difficult time as currents of rainwater entered their homes. The doves sat in their nests to protect their young as the heavy storm passed by.

Meanwhile, the Chicanos watched with delight as the cool raindrops gave life to a sandy hilly rocky area full of cactus and chaparral.

How magnificent was mother earth to provide for all kinds of beings.

The cotton plants continued to grow as the thinning and weeding season was drawing to a close.

Many Migrants were sick with colic and cramps. Others were feverished. It became apparent that the drinking water from the cistern was the culprit. The owner paid the medical expenses and began to bring water daily to the Migrant's camp. After the sickness passed, work was resumed and soon the people's task was done.

Esperanza and her husband decided to stay after the Migrants left. He would work as a ranch hand and he would receive a bi-weekly salary. Many Migrants were settling all over the Plains area and in the large cities.

The time for departure arrived. The old ancianita said farewell to young Esperanza and her husband, wishing them the best life. The old lady felt that her day to leave forever was near, and that she would not see them again. The great Migrant

estaban quedándose a través de la área de las Grandes Llanuras y en muchas ciudades del Medio Oeste.

El tiempo de marcharse llegó. La ancianita se despidió de Esperanza y su esposo, deseándoles lo mejor de la vida. La anciana sintió que su día de irse para siempre, estaba cerca, y que no los iría a ver otra vez.

El gran ciclo migratorio de cosechar se estaba acabando en Oklahoma. Después de despedirse los migrantes se fueron a las labores de cerezas del norte de Michigan. Algunos sabían que algún día regresarían al sur. Otros sin duda harían sus hogares en el Medio Oeste. Algunos pensaban del tiempo que la gente local o las máquinas harían todo el trabajo de las labores y así, la vida del migrante terminaría para siempre.

harvesting cycle was coming to an end in Oklahoma. After saying farewell, the Migrants departed for the cherry fields of northern Michigan. Some knew that someday they would return south. Others would undoubtedly settle in the Midwest. Some thought about a time when local people or machines would do all of the field work and thus the life of the Migrant would come to an end.

UNA HUELGA DE MIGRANTES

EN LAS LABORES

BETABELERAS DE LAS DAKOTAS . . .

Un gran grupo de chicanos pensativos están viajando por troque a un trabajo que les pedía mucho. Las llanuras espaciosas estaban cubiertas con alfalfa, trigo y labores de betabel que eran vista dondequiera, en la parte sur de las Dakotas. Ocasionalmente, el escenario podía ser interrumpido por una arboleda de robledos o una línea de árboles que servían como quiebra vientos. Antes de llegar a las labores de betabel, ellos podían ver grandes ganados de vacas y borregas donde en un tiempo, grandes hordas de búfalos y caballos broncos habían vivido.

Todo esto es maravilloso, pero el caso era que los pobres chicanos no eran dueños ni de siquiera una pulgada de aquella tierra fértil, con excepción de su ropa y algunas vasijas de cocina.

¡El mundo era ancho y ajeno!

El tiempo no les había sonreído tampoco. La llovizna había caído por semanas. A veces las tormentas de relámpagos eran tan fuertes y recias que nadie se atrevía a salir afuera. Los truenos y relámpagos podían asustar a cualquiera, mientras el viento bravo e inquieto amenazaba a levantar objetos pesados. Alertas de tornado habían sido frecuentes durante su ausencia de las labores, y todo el mundo pensaba que uno enseñaría la

A MIGRANT STRIKE

IN THE SUGARBEET FIELDS

OF DAKOTA COUNTRY . . .

A large party of thoughtful Chicanos was traveling by truck on their way to a demanding job. The spacious flatlands were covered with alfalfa, wheat, and sugarbeet fields which were seen everywhere in the southern Dakotas. Occasionally the scenery would be interrupted by a grove of trees or a line of trees which served as windbreakers. Before getting to the sugarbeet fields they could see large herds of cattle and sheep where once the great herds of buffalo and horses had lived.

All this was wonderful, but the fact was that the poor Chicanos did not own a single inch of that fertile earth except for their clothes and a few cooking utensils.

¡El mundo era ancho y ajeno!

The weather had not been smiling at them. Rain had fallen for weeks. Sometimes thunderstorms were so severe that no one dared go outside. Thunder and lightning could scare anyone while the wild restless wind threatened to lift heavy objects. Tornado alerts had been frequent during their absence from the fields, and everyone thought that a twister would show its face if huge lines of dark clouds could be seen at a distance.

Such was the nature of the weather in South Dakota, and it did not take long for the Migrants to realize what such unpre-

cara, si líneas grandes de nubes obscuras podían ser vistas a la distancia.

Tal era la naturaleza del tiempo en Dakota del Sur. No tardaron los migrantes en realizar lo que ese tiempo impredecible le podía hacer a las labores de betabel, que constantemente demandaban su atención.

Los chicanos se preguntaban como se mirarían las labores de betabel, después que el tiempo desfavorable hubiera pasado. Pronto descubrieron que muchos acres estaban cubiertos con agua y hierbas que crecían muy rápidamente, cuando el sol calentaba la tierra. Habían hecho excelente progreso, hasta ese día que las puertas del cielo se abrieron. Ahora tendrían que trabajar más duro. Los surcos de betabel estaban enteramente cubiertos de hierbas. También tenían que enralarlo.

Embono de vaca había sido regado en los surcos, no entremedio. ¡La experiencia penosa y triste iba a ser aún más triste!

Antonio Sánchez pensaba en los pocos dólares que le sobrarían, después que los muchos rebajes fueran hechos. Ya estaban cargados de deudas en la tienda local de comida. La tienda de raya era un asunto pequeño, los precios estaban altos y sin embargo, la comida dondequiera estaba en abundancia. Habían recibido préstamos adelantados de su patrón, para pagar sus deudas. También recibieron préstamos de contratistas durante la estación invernal.

Los migrantes sabían que habían alquilado sus vidas para sobrevivir y ahora tenían que pagar costosamente. Ellos eran gente obligada y contratada.

Una gran desilusión fue aparente cuando los migrantes tuvieron una chance de ver las labores más de cerca. Las labores se miraban como pastas. Los únicos lugares que no tenían hierbas eran esos que estaban cubiertos con agua. El embono había hecho un trabajo estupendo en darle alimento a los betabeles y ya tenían un pie de altura. Las hojas verdes oscuras del quelite estaban repletas de vida y danzaban en olas cuando el aire las revolteaba.

Los chicanos decidieron que una calavera tenía que pasar

dictable weather would do to the beetfields which constantly demanded their attention.

The Chicanos wondered what the sugarbeet fields would look like after the unfavorable weather had passed. They soon discovered that many acres were covered with water and weeds which would grow very rapidly as the hot sun warmed the earth. They had made excellent progress up to the time the heavens had opened, but now they had to work harder. The sugarbeet rows were entirely covered with weeds. Thinning had to be done also.

Cow manure had been sprayed on the rows, not between them. The ordeal would be even harder now.

Tony Sánchez thought about the few dollars they would have left after the many deductions were made. They were heavily in debt at the local grocery store. The store was a small affair, food prices were high, yet food was everywhere in abundance. They had received advances from their boss in order to meet payments back home while they had also received advances at their winter quarters from sugarbeet contractors.

The Migrants knew that they had ransomed their lives to survive, and now they had to pay dearly. They were indentured people.

A great disappointment became apparent when the Migrants had a chance to look at the fields more closely. The fields looked like pastures. The only clear spots were those covered with water. The manure had done an excellent job in providing nourishment for the beets which were up to a foot high. The dark green leaves of the pig weeds were full of life, dancing in waves as the wind swept over them.

The Chicanos decided that a cultivator had to go through the fields when the earth became drier. Perhaps the wind of the plains would also help the sun dry the earth. They knew that the pollen from the many large weeds would soon affect them as it landed on their sweaty bodies.

The vacation forced by the rain was over, and the Migrants attacked the field with a charge that resembled that of cavalry.

por toda la labor cuando se secara. Tal vez el aire de las llanuras pudiera ayudar al sol en secar la tierra. Sabían que el polen de las muchas hierbas grandes, pronto les afectaría cuando cayera en sus cuerpos sudosos.

La vacación forzada por las lluvias había terminado y los migrantes iniciaron la labor, con un ataque que se parecía a uno de caballería. Cada familia reservó para sí mismos, un cierto número de surcos. Cuando las asignaciones eran hechas, estaban desparramados en las labores por muchos bloques. Padres y adultos estaban ocupados en azadoniar y estirar las hierbas de quelite más grandes, mientras los niños aralaban y quitaban todas las hierbitas que se les escapaban a los que iban adelante. Parecía un trabajo completo, especialmente cuando realizaban que los seres verdes eran sus enemigos que tenían que ser removidos para poder ellos irse a otras áreas. Mientras, como trabajaban de una manera cooperativa, el patrón pensaba que los migrantes eran trabajadores muy buenos y felices.

Solamente los chicanos estaban trabajando en las labores de betabel, cuando un día, su patrón trajo una mano nueva. Parecía que el señor Sheridan, el dueño, pensaba que John Smith era un hombre blanco ignorante, que había perdido la oportunidad de educarse. Sheridan necesitaba una mano extra, solo que hizo lado en una sección de la labor que no estaba tan llena de hierbas.

La sensitividad del señor Sánchez fue ofendida por el extraño entremetido en su territorio. Sabía lo que muchos pobres blancos pensaban de la gente morena. También sentía que el dinero más fácil se ganaría en la sección asignada al gringo. Una manita se necesitaba, pero no de esa manera. Antonio estaba enojado porque aún en este trabajo lo hacían inferior.

La fuerza de la vida del sol se estaba disminuyendo, mientras la energía de los migrantes estaba casi agotada. La luz que se alejaba, les señalaba un tiempo de descanso. La noche obscura forzaría muchos cuerpos cansados a un profundo descanso.

El tiempo de descansar los músculos dolientes y el limpiar sus mentes llegaría pronto. Los migrantes dejaron la labor en un estado de mente desanimada.

Every family reserved for themselves a certain number of rows. When assignments were done, they were spread out in the fields for blocks. Parents and adults were busy hoeing and pulling the larger pig weeds while the children would do thinning and get rid of all the small weeds which were missed by those who went before. They seemed to do a thorough job, especially when they realized that the green creatures were their enemies which had to be removed in order for them to leave for other areas. Meanwhile, since they worked in such a cooperative manner, the boss thought that the Migrants were good and happy workers.

Only the Chicanos were working the sugarbeet fields when, one day, their boss brought in a new field hand. It appeared that Mr. Sheridan, the owner, thought that John Smith was an ignorant white man who missed having an education. Sheridan needed an extra hand so he set aside a section of the field which was not too filled with weeds.

Mr. Sánchez' sensitivity was offended by a stranger intruding upon his territory. He knew what many poor Whites thought about dark people. He also sensed that the easy money was to be earned in the sector assigned to the gringo. A helping hand was needed, but not in that manner. Tony was angered because even in this job he was made to feel inferior.

The life force of the sun was lessening as the Migrant's energy was nearly exhausted. The receding light signaled a time of rest while the dark night would force many a tired body to rest.

The time of relaxing aching muscles and the clearing of their minds would soon arrive. The Migrants left the field in a depressed state of mind.

The darkness covered the earth like a blanket. The birds took refuge in pine trees. The wind would make the trees dance during the dark night while the whispering echo of the birds could be heard for many miles.

The tension in the minds of the Chicanos increased at the thought of four large messy fields which remained to be done, while John Smith continued to get the easy work. Those fields were the worst, and nobody wanted to be the first to enter such

Cada familia reservó para sí mismos, un cierto número de surcos.

Every family reserved for themselves a certain number of rows.

La obscuridad cubrió la tierra como una colcha. Los pájaros tomaron refugio en los pinos. El aire haría los árboles dan-
zar durante la noche obscura y el eco silbante de las aves se
podría escuchar por muchas millas.

La tensión en las mentes de los chicanos aumentó al ver
cuatro grandes labores sucias que quedaban por hacer, mientras
John Smith continuó a conseguirse el trabajo fácil. Esas labores
eran las peores, nadie se atrevía a ser el primero en entrar a tales
reservas para animales. Habían trabajado extra los sábados, ya
tenían suficientes ahorros si decidían irse. Su contrato demandaba toda clase de pagos que se tenían que hacer antes que
recibieran su pago final, pero todavía sentían que tenían que
jugar grueso. Cuando John Smith rechazó trabajar en las labores
con los chicanos, ellos usaron este pretexto para hacer lo mismo. Demandaron más dólares por cada acre limpiado.

El patrón tenía en sus manos una huelga. Los trabajadores
cooperativos de antes, ahore se volvieron un grupo de caras indignadas y desconfiadas. Sheridan necesitaba los trabajadores
para proteger su inversión.

Los migrantes se sentaron a la orilla de la labor a discutir el
problema, ya que el tiempo ahora era su aliado. El patrón estaba
parado mientras el tiempo pasaba, entonces él también se sentó
bajo el cielo caliente.

Finalmente se decidió por los dos partidos. Los trabajadores recibirían más pago por cada acre limpiado. El trabajo de
azadoniar resumió, mientras la gente continuó a maldecir las
hierbas que a veces quebraban sus azadones.

John Smith no aceptó que tenía que trabajar con los migrantes, decidió colectar su pago. Sin embargo fue inducido a
quedarse y los migrantes adentro, sabían que algo había pasado
a favor del gringo.

De todos modos durante el viaje a su casa, todo el mundo
estaba contento.

La naturaleza era observada más de cerca y esto limpiaba
sus mentes de muchos apuros que los agobiaban y acababan.
Los faisanes y sus pollitos se miraban tan libres como el viento,

animal reserves. The Migrants had been working extra on Saturdays, so they had enough savings if they decided to leave. Their contract called for all kinds of payments to be made before they received their final wages, but they still felt they could gamble. When John Smith refused to work the worst fields with the Chicanos, they too, used this as an excuse to refuse to work. They demanded more dollars per acre.

The owner was faced with a strike. The once cooperative workers now became a group of angry and distrusting faces. Sheridan needed the workers in order to protect his investment.

The Migrants sat down at the edge of the field to discuss the problem since time was now their ally. The boss was standing, but as time began to pass he too sat down under the hot sunny sky.

Finally it was decided by the two parties that the workers would get higher wages per acre done. The hoeing was resumed while the people continued to curse the weeds which would often break their hoes.

John Smith did not accept that he had to work with the Migrants, so he decided to collect his wages. However, he was persuaded to remain and the Migrants inwardly knew that something had happened in his favor.

Still, during their ride home everyone was in a happy mood.

Nature was closely watched and this cleared their minds of their many pressing thoughts. Pheasant and their young seemed to be as free as the wind while swift footed rabbits ran off the road, hid under the bushes, and then showed their heads from under nature's cover. All wildlife seemed not to have a world of problems, but the Chicanos knew that all living creatures had a sea of worries in their quest for food.

The Migrant's triumph in getting more wages released emotions in the form of songs about dead heroes. At night prayers were said to their brown Mother of Mexico. The state of tension was over.

The time to say farewell to South Dakota was at hand. Mr.

conejos de pies ligeros corrían el camino, se escondían bajo el matorral y entonces enseñaban sus cabezas por debajo de ese medio de protección que la naturaleza les daba. La vida silvestre parecía no tener un mundo de problemas, pero los chicanos sabían que todos los seres vivientes tenían un mar de apuros en conseguir su comida.

El triunfo de los migrantes en conseguir más pago, hizo que se desprendieran sus emociones en forma de canciones de héroes muertos. En la noche oraciones fueron dichas a la Madre Morena de México. El estado de tensión había terminado.

El tiempo de decirle adiós a South Dakota estaba ya en mano. Mr. Sheridan pretendió estar triste y les deseó lo mejor de la suerte. Sabía que necesitaría esta gente para el año próximo. No deseaba que estos le dijeran a otros que no trabajaran con él.

Los migrantes estaban ansiosos de ver otras regiones bajo el sol. Salirse de esa prisión sin paredes.

Se fueron una mañana sin nubes. Esa noche, la luna esparcía su luz en la caravana migrante, que ahora estaba acampada en un parque, a orillas del camino, cerca de las Grandes Lagunas.

Sheridan pretended to be sad and wished them the best of luck. He knew he would need these people for the following year. He could not risk their telling others not to work for him.

The Migrants were eager to see other regions under the sun, and to get out of that prison without walls.

They left early one bright and cloudless morning. That evening, the moon shed its light on the Migrant train which was now camped at a roadside park near the Great Lakes.

LOS MIGRANTES DERROTAN

AL SISTEMA

CONTRATISTA EN ILLINOIS ...

Una gran multitud de chicanos cansados y hambrientos, estaba trabajando en la labor de espárrago, cuando la tormenta hizo su entrada imprevista.

En otra labor, separada por un arroyo cubierto de árboles por los dos lados, se podían oír los gritos de los migrantes excitados; la multitud se preguntaba si la lluvia pronto llegaría.

Los árboles comenzaban a moverse, mientras el aire los penetraba. Grandes gotas de lluvia empezaron a golpear las copas de los árboles. El cielo estaba ennegrecido. Relámpagos iluminaban el cielo. Las gotas caían en olas, como el viento constantemente cambiaba su rumbo. La blancura y densidad de la llovizna prevenía a los migrantes que vieran sus carros y troques. Guiados por los surcos de espárrago, corrieron a sus vehículos.

La siguiente mañana descubrieron que la tierra obscura estaba muy soquetosa. La gente pronto se ponía cansada, como tenían que cargar canastas repletas de espárragos en esas labores.

Los marranos estaban encerrados, pero las deudas de los migrantes y la póliza de la compañía los forzaban a trabajar en tales condiciones desdichadas. Cada clase de presión era ejercida por agentes de compañía, el troquero, los mayordomos gringos y chicanos.

THE MIGRANTS

DEFEAT THE INDENTURED SYSTEM

IN ILLINOIS . . .

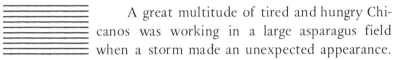 A great multitude of tired and hungry Chicanos was working in a large asparagus field when a storm made an unexpected appearance.

Another asparagus field was separated by an arroyo lined with trees on both sides. The shouts of excited Migrants on the other side could be heard and they wondered if the rain was soon to arrive.

The large green trees began to move as the wind swept through, and huge cool raindrops began to beat on the tree tops. The sky was dark. Lightning illuminated the sky. The raindrops fell in waves since the wind was constantly changing. The whiteness and thickness of the rain prevented the Migrants from seeing their cars and trucks. But, guided by the long asparagus rows, they ran to their vehicles.

Next morning they discovered that the dark earth was very muddy. The people became tired quickly since they had to carry baskets full of asparagus in the muddy ground.

The pigs were locked up, but the Migrants' debts and company policy forced them to work in such wretched conditions. Every kind of pressure was exerted by company men, the crew leader, the Anglo and the Chicano field men.

The asparagus would grow rapidly. If not picked in time,

Los espárragos podían crecer rápidamente, y si no se los piscaba a tiempo, la cosecha se podía perder. Los chicanos repletos de deudas, no tenían más chance. Ya se habían sometido en el sur de Texas a agentes aduladores de la compañía. Estando sin centavos, no se podían ir del estado de Illinois que era frío, lloviznoso y tempestuoso.

La raza sentía que mientras las estaciones de las cosechas cambiaran, tenían que moverse a otras cosechas. Esta, era una de las pocas esperanzas que les había quedado.

En las mañanas frías, un sereno cubría las labores como una grande colcha. El gentil sol no podía venir en su ayuda, y cada uno de los espárragos, estaba muy frío y mojado. Después que se esclarecía, el sol se ponía demasiado caliente. Los chicanos se estaban obscureciendo como la tierra.

Una tarde la mayoría de los migrantes estaban en medio de una gran labor, cuando nubes pesadas y obscuras, empezaron a estallar. Desde las nubes, un largo, delgado y obscuro remolino cenizo, empezó a golpear la tierra.

¡La culebra llegó!

Los truenos retumbantes eran muy fuertes y la gente con miedo constante que pudieran ser pegados, debido a los largos cuchillos que usaban para cortar el espárrago.

"A la chingada con los knives," gritaron mientras los tiraban y corrían a sus carros.

Habían tenido mucha suerte que la culebra les errara.

Atraídos por oportunidades para hacer dinero, los chicanos habían emigrado al norte. Pero esto pronto cambió, la compañía esparraguera, ahora los tenía en su poder, cada migrante había recibido algún dinero adelantado. Como consecuencia, cada cheque tenía rebajes que dejaban muy poquito. La compañía aumentó la penosa experiencia, dándoles libretas de estampillas para comprar comida a cada miembro de la familia. Era una manera de hacer que la gente pagara sus deudas. El dinerito que sobraba era usado para comprar gasolina, de gran valor.

Acostumbrados al tiempo caliente, la gente no estaba pre-

the crop could be lost. The Chicanos, heavily in debt, had no choice since they had committed themselves in south Texas to smooth talking company agents. Being penniless they could not leave cold rainy and windy Illinois.

The raza felt that as the harvest seasons changed they would move to other crops. That was one of the few hopes that they had left.

In the cool mornings a mist covered the fields like a great large blanket. The gentle sun could not come to their aid, and every single asparagus was very cold and wet. After it cleared, the sun would be very hot. The Chicanos were getting as dark as the earth.

One afternoon, most of the Migrants were in the middle of a large field when heavy dark clouds began to burst open. From the clouds a long slender grayish and dark funnel began to strike the earth.

¡La culebra ya llego!

The rumbling thunder was very loud, and the people were in constant fear that they would be struck due to their long knives which were used to cut the asparagus.

"A la chingada con los knives," they shouted as they dropped them and ran to their vehicles.

They had been very lucky that the twister had missed them.

Lured by opportunities to make money, the Chicanos had migrated north. But this changed since the asparagus company now had them in its mercy. Every Migrant had received some money in advance. As a result, each check had deductions which left very little. The company increased the ordeal by issuing booklets of food stamps per family member. It was a way of getting people to pay their debts. The little money that was left over was used for precious gasoline.

Accustomed to warm weather, the people were not prepared for Illinois. Snow had even fallen right after their arrival. Many people became sick. Colds were common. Some were forced to work in the rain while their clothes dried under

parada para Illinois. Había caído nieve después de su llegada. Mucha gente se enfermó. Resfríos eran comunes. Algunos eran forzados a trabajar en la llovizna, mientras su ropa se secaba bajo sus impermeables. El aire estaba helado y el soquete negro pegajoso les estiraba sus zapatos viejos y rotos. El agua de beber los hacía ir al servicio y los dolores de estómago abundaban. Trabajando en las labores bajo lluvias frías, disminuían los espíritus y mucha de la gente anciana se quería regresar a sus hogares.

Mientras la estancia de primavera pasaba, el sol se volvía más caliente y la tierra receptiva y apasionada, facilitaba que brotara más rápidamente el espárrago.

Muchas labores tenían que ser cubiertas y para cuando la última era acabada, la primera estaba lista para ser piscada. En orden de cubrir tan extensas áreas, los muchachos le jugaban carreras a las muchachas, mientras los tornaditos morenos hacían sus tareas.

Los niños estaban perdiendo su niñez.

Para empeorar el asunto, algunos mayordomos chicanos entre ellos, trabajaban muy cerca con la compañía. El troquero hacía buenos centavos porque agarraba un porcentaje de los que la gente ganaba. Hacía todo en su poder, para apresurar más a la gente. En muchos casos los trabajadores también le debían dinero al troquero. Los mayordomos gringos se juntaban con el troquero y causaban divisiones entre los trabajadores. Argumentos menores de esta manera ahogaban las razones de los migrantes de quejarse del trabajo.

Les tomó algún tiempo para ver a través de estos actos. Tenía que haber una salida en todo esto para salirse de ese lugar fuera de la mano de Dios.

Los migrantes no iban muchas veces al pueblo, porque los rebajes de la compañía no dejaban dinero de sobras para eso. Uno de los teatros tenía un letrero que decía: "No se admiten Mexicanos."

Algunos del clero católico y del protestante visitaban el campamento trayendo colchas y ropas usadas para las noches

yellow raincoats. The wind was chilly, and sticky black mud would pull on their old worn out shoes. The drinking water gave them the runs, and stomach aches were prevalent. Working in the fields in the cold rain deteriorated the people's spirits, and many of the old people wanted to go home.

As the spring season was passing the sun would become hotter and the warm receptive earth enabled the asparagus to shoot up swiftly.

Many fields had to be covered, and by the time the last one was finished, the first one was ready to pick. In order to cover such extensive areas, the boys would race the girls while the little brown tornadoes would do their assignments.

The children were missing their childhood.

To make matters worse, some field men, Chicanos among them, worked very closely with the company. The crew leader would make good money because he got a percentage of the people's earnings. He did everything he could to pressure the people more. In many cases the workers owed money to the crew leader also. The Anglo field men got together with the crew leader and caused rifts between the workers. Petty arguments thus drowned out the Migrants' reasons to complain about the work.

It took them some time to see through these acts. There had to be a way out, to leave that God forsaken place.

The Migrants did not go to town very often since after company deductions there was no money left for such things. One of the theatres had a sign, "NO MEXICANS ALLOWED."

Some Catholic and Protestant clergy came to their camp, bringing used clothing and blankets for the cool nights. Still, water surrounded by earth had to find a way out.

One clear day three city Migrant families arrived in camp. Their first impression of their living quarters made them feel that they had to leave as soon as possible. The outside toilets had no running water. The grounds were muddy, and the lonely windy environment was unbearable to these city Migrants who had come to work for the summer. A friendly conversation was

Uno de los teatros tenía un letrero que decía: "No se admiten Mexicanos."

One of the theatres had a sign, "NO MEXICANS ALLOWED."

frías. De una manera agua rodeada por la tierra tenía que hallar una forma de escaparse.

Un día claro, tres familias migrantes de la ciudad, llegaron al campamento. Su primera impresión de los hogares donde iban a vivir, los hizo sentir que tenían que marcharse lo más pronto posible. Los servicios de afuera no tenían agua. La tierra estaba soquetosa. El ambiente solitario y airoso era inaguantable para estos migrantes de la ciudad, que habían venido a trabajar por el verano. Una conversación amigable se comenzó y se volvió en una manera constructiva de salirse de allí y al mismo tiempo, vengarse de la compañía impersonal gringa y de los chicanos lambeaches.

Los chicanos recién llegados no le debían dinero a la compañía. Habían venido de su cuenta propia y se podían ir cuando les diera la gana. Mientras, los migrantes rurales sentían que suficientes deducciones habían sido hechas por la compañía y se querían ir lo más pronto posible, habiendo oído que había mejores empleos en estados cercanos. El plan era darle lo más posible de espárragos a los migrantes del pueblo. Enseñando tan buena habilidad para trabajar, el troquero estaría muy contento y los enseñaría como ejemplos vivientes de decencia, bondad y trabajadores respetables, comparados a los migrantes perezozos del rancho. Estaban también planeando comenzar pleitos de palabras con los migrantes de la ciudad, facilitándoles a estos que se quejaran con el troquero de esa horrible, ignorante y envidiosa gente del rancho.

Los mayordomos comenzaron a decirle a los migrantes rurales que le dejaran los surcos buenos a los otros para que los piscaran. Cuando esto pasó, la gente se enfureció con la nueva injusticia. Un concurso fue establecido para ver cuales familias ganarían. Cuando el concurso se acabó, el troquero y los mayordomos estaban tan contentos, que favorecieron a ambos grupos de trabajadores.

El troquero soñaba que esto pasaría constantemente de allí en adelante, mientras la gente refugiaba ideas en sí misma, ideas de librarse de ese mar de problemas. Cada centavo que habían

begun and it turned into a constructive way of leaving and at the same time getting even with the impersonal Gringo company and their yessir Chicanos.

The newly arrived Chicanos did not owe any money to the company. They had come on their own, and they were free to leave whenever they desired. Meanwhile, the rural Migrants felt that enough deductions had been already taken by the company, and they wanted to leave as soon as possible, having heard there was better work in nearby states. The plan was to give as much asparagus as possible to the city Migrants. Showing such good ability to work, the crew leader would be very happy and show them off as living examples of good, decent, respectable workers compared to the lazy Migrants del rancho. It was also planned to begin verbal fights with the city Migrants, enabling them to complain to the crew leader about those awful, ignorant, and envious rural people.

The field men began to tell the rural Migrants to leave the good rows for others to pick. When this happened, the people became angry at this injustice. A contest was then planned to see which families would win. After the contest was over, the crew leader and field men were so happy that they flattered both groups of workers.

The crew leader dreamed that it would be like this continuously from then on, while the people were harboring thoughts of their own, thoughts of freeing themselves from that sea of problems. Every coin they had earned had been pooled and, minor discussions settled, every family received money in accordance to the distance they had to travel and in accordance to the size of their respective families.

At three in the morning they met at a focal point. After saying farewell and Vayan con Dios, they hastily separated without creating a disturbance.

Dawn found them many miles away, beyond the reach of the company men.

ganado en común, había sido puesto en una reserva y después
que discusiones menores fueron clarificadas, cada familia recibió
dinero llevando en cuenta la distancia que tenían que viajar y el
tamaño de cada familia.

A las tres de la mañana, todos se juntaron en un sitio cén-
trico. Después de despedirse y el vaya con Dios, pronto se sepa-
raron sin hacer confusión alguna.

El amanecer los encontró a muchas millas de allí, fuera del
alcance de los agentes de la compañía.

QUEBRANDO EL CICLO MIGRATORIO

YENDOSE DE LAS LABORES DE FRESA

A LAS AREAS URBANAS DEL ESTADO DE MICHIGAN . . .

José López escuchó la tormenta que despaciosamente se acercaba durante esa tarde caliente y polvosa. El aire siguió golpeando la casita vieja en donde se estaba quedando. Daba una frescura que rápidamente se había desparramado en todas partes del cuarto. Un relámpago amarillo y blanco pegó cerca e hizo un estruendo que ensordecía.

Escuchando los sonidos murmullantes mientras la tormenta disminuía y viendo afuera por la ventana, José pensó en los acontecimientos que grandemente habían influenciado su vida. Mientras pensaba, la llovizna paró, y las gotas desaparecieron evaporándose, sumiéndose a la tierra quebrada.

Recordó estar en una de las muchas labores de fresas en los ranchos pequeños de Michigan. La labor arenosa de veinte acres estaba rodeada de montes que hacían imposible que alguna brisa de la laguna entrara y refrescara la gente, cuya ropa estaba empapada de sudor.

Había lugares pantanosos en los montes, y zancudos salían en olas a atacar los migrantes cansados, cuya sangre roja parecían gozar. Hincándose y piscando fresas todo el día, no dejaba mucho tiempo de pensar, especialmente si cada fresa piscada, determinaba cuanto dinero podía tener una persona para provisiones para mantener su familia.

BREAKING THE MIGRANT CYCLE

BY LEAVING THE MICHIGAN STRAWBERRY FIELDS

FOR THE URBAN AREAS . . .

Joe López listened to the storm which was slowly approaching during that hot and dusty afternoon. The wind kept pounding at the old shack in which he was staying. It gave out a freshness which had quickly spread throughout the room. The yellow white lightning struck nearby and created a roar which was deafening.

Listening to the murmuring sounds while the storm lessened, and looking out the window, Joe thought about events which had greatly influenced his life. As he pondered, the rain stopped while the raindrops disappeared steaming into the dry, cracked earth.

He recalled being in one of those many Michigan strawberry fields located on small farms. The twenty acre sandy field was surrounded by forests which made it impossible for any lake breeze to enter and refresh the people whose clothes were soaked with sweat.

There were marshes in the woods, and mosquitos came out to attack the tired Migrants whose red blood they seemed to enjoy. Kneeling down and picking strawberries all day did not leave much room for thinking, especially if every strawberry picked determined how much money a person would have for groceries to feed their families.

An individual had to move constantly. He had to work

Un individuo tenía que moverse constantemente, tenía que trabajar más rápidamente cuando el sol no estaba tan caliente. Cuando el sol llegaba al medio del cielo, su actividad disminuía. Tenía que trabajar más duro, tal como las hormigas pequeñas, entrando y saliendo de la tierra y haciendo la misma cosa por tiempos immemoriables.

Cada año las grullas volando hacia el sur repetirían su ciclo. José sabía que despúes de las fresas, él también emigraría a otros estados, y como las aves, se iría a las áreas del sur calientes, a pasar el invierno.

Durante la noche, algunas de las fresas estaban enteramente comidas por animales del monte o parcialmente consumidas por animales pequeños. Huellas de animales podían ser vistas sobre la labor verde y roja. Dios les daba la noche para servirles de cortina y esconder los animales indefensos, pero al tiempo muchos de los faisanes, conejos, venados y tejones le servirían al hombre blanco para deporte y para su apetito. Mientras, los mosquitos, moscas y zancudos festejaban en fresas sobrantes.

José recordó la experiencia de fresas y una procesión de caras miserables en la triste corriente migratoria. Muy cansado se sentó en la tierra arenosa y caliente a ver alrededor y observar los chicanos morenos, sudorosos, desarrollando sus músculos y quemando calorías. Tal vez la monotonía le había permitido pararse y en hacerlo, decidió cambiar su suerte. Si no juntaba toda la gente de diferentes ranchos, entonces hablaría con individuos que habían andado suficiente y que le pudieran contar de empleos, sueldos, mejores condiciones de vivir y de educación.

Recordó que durante un cierto día miserable, la monotonía de la vida del migrante fue interrumpida por una hermosa canción. Un miembro nuevo había entrado a la labor. ¿Cómo podía ella afectar a los otros miembros? ¿Cómo afectaría a los hombres blancos que se quedaban en las labores para estar seguros que la gente no se robaba la fruta prohibida? ¿Qué la hacía tan linda y tan especial que todo el mundo hablaba de ella?

faster when the sun wasn't very hot. As the sun reached the middle of the sky his activity lessened. He had to work harder just like the little ants going in and out of the earth and doing the same thing for countless ages.

Every year geese flying southward would repeat their cycle. Joe knew that after the strawberries he would also migrate to other states, and like the birds he would head for warm southern areas to spend the winter.

At night some of the strawberries were entirely eaten by forest creatures or partially eaten by smaller animals. Animal tracks could be seen all over the green and red field. God provided the night to serve as a screen to shield helpless animals, but in time many of the pheasant, rabbits, deer and racoons would provide for the white man's sport and appetite. Meanwhile the gnats, flies, and mosquitos were feasting on leftover strawberries.

Joe remembered the strawberry experience since it gave him an opportunity to recall the endless train of miserable faces in the sad Migrant stream. Exhausted, he sat down on the hot sandy earth to look around and see the brown sweating Chicanos developing their muscles and burning calories. Perhaps the monotony had enabled him to stop, and in doing so he decided to change his lot. If he did not get all the people together from the different farms, then he would talk to individuals who had been around and they could tell him about employment, wages, better living conditions, and education.

He recalled that during a certain miserable day the monotony of the Migrant's life was interrupted by a beautiful song. A new member had entered the field. How would she affect the other members? How would she affect the white men who stayed in the field to make sure that the people did not steal the forbidden fruit? What made her so cute and special that everyone was talking about her?

Joe decided to find out.

At noontime everyone left the field, built fires to warm their food and talked with their neighbors. María was warming

Recordó que durante un cierto día miserable, la mono-
tonía de la vida del migrante fue interrumpida por una hermosa
canción. Un miembro nuevo había entrado a la labor. ¿Cómo
podía ella afectar a los otros miembros?

He recalled that during a certain miserable day the monot-
ony of the Migrant's life was interrupted by a beautiful song. A
new member had entered the field. How would she affect the
other members?

José decidió enterarse.

A mediodía todo el mundo se fué de la labor, hizo lumbres y habló con sus vecinos. María estaba calentando su comida cuando José se introdujo con una sonrisa benévola. José sintió que debiera aprender mucho de ella. Si María tenía cualquier problema, no se miraba mortificada por ellos. Compartieron su comida, pero la hora del mediodía se pasó tan pronto que el tiempo escapó a su atención.

Sabían que una hora de trabajo se podía extender para siempre bajo esos largos días de verano. Decidieron continuar la conversación. Las horas se pasarían rápidamente si se podían ocupar en alguna actividad que fuera interesante y provechosa. Durante esa hora del mediodía, diferentes clases de olores llenaban el aire.

La gente había probado su sudor salado por horas. El olor de fresas podridas no era tan dulce que suavisara sus sentidos.

Ocasionalmente la fragancia del perfume de María capturaba la imaginación de la gente que todavía estaba pensando quién era ella. Los verdes pantanos llenos de troncos mezclaban su olor con el de la comida.

Los frijoles refritos sabían bien en tortillas que habían sido calentadas en brasas. El humo de las lumbres quitaba a los insectos de caerse en la comida, ansiosos por el olor de huevos, carnes y otras comidas que llenaron el aire.

María había venido a las labores de la ciudad a visitar parientes que estaban trabajando en un rancho cercano. El dueño le había dicho que trabajara con su vecino, porque tenía todas las manos que necesitaba. Planeó quedarse por una semana para ver si podía convencer a sus parientes que se mudaran a la ciudad.

María le había dicho que la vida en la ciudad estaba mejor que la del rancho porque había muchas oportunidades. Además de chicanos, había cubanos, puerto riqueños y otras gentes de habla española, de otras tierras.

Con algunos ahorros una familia migrante podía fijar su residencia permanente. Teniendo un trabajo, un hombre podía mantener su familia y sus niños podrían ir a la escuela.

her food when Joe introduced himself with a warm smile. Joe felt he could learn much from her. If she had any problems, María did not seem to be bothered by them. They shared their lunch, but the noon hour passed so fast the time had escaped their notice.

They knew that an hour of field work would stretch forever under those long summer days, so they decided to continue their conversation. The hours would pass quickly if they could occupy themselves in some activity which was interesting and fruitful. During that noon hour many different kinds of odors filled the air. People had tasted their salty sweat for hours, and the smell of rotten strawberries was not so sweet that it soothed their senses.

Occasionally the scent of María's perfume would capture the imagination of the people who were still wondering who she was. The green marshes filled with logs blended their odor with that of the food.

The refried beans tasted good in tortillas which had been warmed over the hot embers. The smoke from the fires kept the bugs from getting into the food. They longed for the smell of eggs, meat, and other foods being warmed which soon filled the air.

María had come to the fields from the city to visit relatives who were working in a nearby farm. The farm owner had told her to work for his neighbor since he had all the help he needed. She planned to stay for a week to see if she could get her relatives to move to the city.

María told him that life in the city was better than in the country since there were many opportunities. Besides Chicanos there were Cubans, Puerto Ricans, and other Spanish-speaking people from other lands.

With some savings a Migrant family could settle down permanently. Having a job a man could provide for his family, and his children could go to school.

The Migrant's search for crops only delayed improvement, she said. She believed that by working and learning things in school families could live more comfortably.

La búsqueda de los migrantes, solamente para conseguir cosechas, dilataba el mejoramiento, decía ella. Creía que trabajando y aprendiendo cosas en la escuela, las familias podían vivir más confortablemente.

José escuchó cada palabra que ella decía y pensó en una buena manera de irse de las labores. Quería acabar con la cosecha de fresas; en cada cubeta piscada, parte de sus sueldos se los detenían para asegurar que todo el tiempo hubiera manos. Le llamaban a este dinero, "bonos."

María le dijo que las cosechas por mano ya se estaban terminando, que la gente tenía que cambiar. Dijo que iba a enviar a alguien de la ciudad que hablara con los que querían mudarse permanentemente a la ciudad.

José concluyó que María hacía sentido. Después de todo, piscando constantemente frutas, legumbres y otras cosechas no traían ningún mejoramiento. Estaba cansado de piscar cosechas sin guante, durante cada estación del año, especialmente melones y pepinos. No podía esperar que la gente de agencia viniera a las labores, si hubiera problemas, el dueño podría decir que estaban traspasando o que andaban agitando la gente "feliz." José decidió irse a la ciudad, hablar con la gente y hacer arreglos de mudarse tan pronto como se acabara la cosecha de fresas.

Durante esa estación José vió muchas familias mudarse de la corriente migratoria. Su planear cuidadoso hizo más fácil la transición, como habían aprendido muchas habilidades de sobrevivir, creían que sus hijos se beneficiarían lo más posible si estuvieran expuestos a otro ambiente. Después de todo, habían visto que las plantas de fresas se beneficiaban del regadío y echaban aún más flores, para dar más fruta nueva. En este caso, los migrantes sabían que en tierra fértil, ellos también se desarrollarían mejor. Tal vez sus vidas mejorarían y prosperarían.

Observando por la ventana, José vió que la tormenta de relámpagos había dado mucha llovizna para asegurar que las plantas recibieran nueva vida. La vista de las nubes ennegrecidas y pesadas levantarían el espíritu de la gente que dependían en las cosechas para su subsistencia.

Joe listened to every word she said, and he thought about a good way to leave the fields. He wanted to be done with the strawberry harvest since for every bucket picked part of his wages were held up to insure that helping hands would always be around. They called this money held back a "bonus."

María told him that harvesting crops by manual labor was on the way out, and that the people had to change. She said that she was going to send someone from the city to talk to the people who wanted to resettle in urban areas.

Joe concluded that María had made sense. After all, picking fruits, vegetables, and other crops did not bring any improvements. He was tired of picking crops without gloves during every season of the year, especially muskmelons and cucumbers. He wouldn't wait for the agency people to come to the fields since there might be trouble with the owner who would say that they were trespassing, or that they were agitating the "happy" people. Joe decided to go to the city, talk to people, and to make arrangements to move as soon as the strawberry harvest was over.

During that season Joe saw many families moving out of the Migrant stream. Their careful planning made the transition easier, for they had learned many survival skills. They believed that their children would benefit the most if exposed to another environment. After all, they had seen the strawberry plants benefit from irrigation and bloom to bear new fruit. In this case the Migrants knew that on fertile ground they too would also grow. Perhaps their lives would improve and prosper.

Looking through the window Joe saw that the thunderstorm had provided plenty of rain to insure that the plants would receive new life. The sight of the dark heavy clouds lifted the spirit of the people who depended on the crops for their livelihood.

Already little streams of water were moving in all directions, seeking to join the streams in a journey to the sea. No te desesperes, Pérez.

Ya para este tiempo, corrientes pequeñas de agua llovediza, se estaban moviendo en todas direcciones, tratando de juntarse con otras corrientes, en su viaje hacia el ancho mar. ¡No te desesperes, Pérez!

LA INFLUENCIA DE UNA BUENA COSECHA DE CEREZAS

Y EL SISTEMA DE LOS

BONOS EN LA VIDA DE LOS MIGRANTES . . .

Después de un triste y largo viaje, una caravana de migrantes llegó a las hortalizas de cerezas del estado de Michigan. Era la noche tardía de un viernes, la gente agotada, tomó un descanso que mucho necesitaban y despertaron, hallando un ambiente verde y hermoso. Sus hogares temporales estaban situados en un rancho, rodeado de diferentes clases de montes y hortalizas, muy placenteras para la vista.

Acres y acres de árboles de manzana, durazno, cereza y ciruelo hacían una impresión favorable en los migrantes acostumbrados al ambiente seco de Texas. Los grandes y delgados árboles de pino que cubrían las lomas y las grandes labores comerciales de árboles de navidad, hacían una maravillosa vista para observación.

Un similar mar de opulencia, debiera haber saludado a los americanos, hambrientos de tierra, cuando primero llegaron del mundo antiguo y amontonado.

Una brisa serenosa pasaba a través de los grandes árboles de maple y cubrían el área.

Los migrantes decidieron ir al pueblo cercano para ver el mundo de afuera y obtener provisiones que tanto necesitaban. Durante el tiempo que guiaban su troque al pueblo, fueron lar-

THE INFLUENCE OF

A GOOD MICHIGAN CHERRY HARVEST

AND ITS "BONUS" SYSTEM ON MIGRANTS

After a long and tiresome journey a Migrant train reached the cherry orchards of the State of Michigan. Arriving during a late Friday evening the tired people took a much needed rest and awoke to find a beautiful green environment. Their temporary home was situated in a farm surrounded by different kinds of forests and orchards which were very pleasing to their eyes.

Acres upon acres of apple, peach, cherry, and plum trees made a favorable impression on the Migrants accustomed to the dry Texas environment. The large and slender pine trees dotting the hills and the large commercial fields of Christmas trees were a wonderful sight to see.

A similar sea of bounty must have greeted the land hungry Americanos when they first arrived from the crowded Old World.

A misty breeze passed through the large green maple trees and engulfed the area.

The Migrants decided to go to the nearby town to take a look at the outside world, and to obtain much needed supplies. Driving their truck to town they were passed by many campers, cars with boats, and many other individuals headed toward the state parks. During their visit to the town they noticed that

gados por muchos campers, carros con barcos y otros muchos
individuos que iban derecho a los parques del estado. En su
visita al pueblo, notaron que blancos de afuera, negros, chicanos, puerto riqueños e indios, habían invadido la sección del
centro. Los tienderos locales hacían a los migrantes muy bien
venidos porque los necesitaban para venderles mercancía.

En el pueblo los migrantes se fueron para diferentes direcciones. Cada quien tenía que hacer cierto deber para el beneficio de sus propias familias. Los niños, sin embargo, irían al
cine bajo la supervisión de sus hermanos o hermanas mayores.

Las esposas comprarían provisiones a través del pueblo.
Los hombres se iban a comprar provisiones esenciales que mantendrían sus vehículos en buena condición.

Después que sus responsabilidades habían sido cumplidas,
la gente joven tenía una chance de verse. Los paraderos de cada
miembro de la familia eran sabidos muy pronto, como estaban
en un pueblo pequeño, se veían varias veces durante el día, cada
uno estaba compartiendo de los deberes que se tenían que
hacer.

Una de las tabernas servía como una cita para los trabajadores adultos. El lugar estaba lleno de humo y las conversa-
ciones eran fuertes y excitantes. Amigos de otros estados encon-
traban a conocidos viejos. Hablaban de sus familias, sus problemas y sus futuras destinaciones.

Chicanos del suroeste, negros del sur, blancos del sur, puerto riqueños y los indios locales, hablaban de la cosecha de cerezas que, se decía, iba a ser estupenda ese año. Para alguna gente,
parecía que viejos amigos no habían hecho su apariencia, como
antes lo habían hecho. ¿Dónde estaban? ¿Estaban ellos buscando una plaza para quedarse? ¿Porqué no llamaban?

Todas estas preguntas eran contestadas por amigos que
habían venido a comprar provisiones y que pronto desaparecían
en las multitudes largas y ruidosas.

Los chicanos dejaron el pueblo pequeño rural, para salir a
sus ranchos, contentos porque habían visto mucha gente amable
de habla española. Era un buen sentir, hablar en esa lengua a
otra gente, fuera de sus amigos y parientes inmediatos.

white outsiders, Blacks, Chicanos, Puerto Ricans, and Indians had invaded the business section. The local merchants made the Migrants welcome for they needed them to sell things to.

Once in town the Migrants headed for different directions. Everyone had to perform a certain duty for the benefit of their respective families. The children, however, under the supervision of elder brothers and sisters, would go to the movies.

The wives would buy groceries. The men went to buy essential supplies which would keep their vehicles moving.

After their responsibilities had been met, the young people had a chance to see each other. The whereabouts of every family member was quickly known since they were all in a small town, seeing each other during the day, and since everyone was sharing in the things that had to be done.

One of the taverns served as a rendevous for most male working adults. The place was full of smoke, and the conversations were loud and exciting. Friends from other states met their old acquaintances. They talked about their families, their problems, and their future destinations.

Southwestern Chicanos, southern Blacks, southern Whites, Puerto Ricans, and the local Indians talked about the cherry harvest which, it was said, was very good that year. To some of the people it appeared that some old friends did not show up as they had always done. Where were they? Were they still looking for a place to stay? Why don't they call?

All of these questions were answered by friends who had come to buy supplies and who then quickly disappeared into the large, noisy crowds.

The Chicanos left the small country town for their farms, happy that they had seen so many friendly Spanish-speaking people. It was a good feeling to speak in that language to other people besides their own immediate friends and relatives.

After arriving at the farm they continued to talk about their experiences for hours into the night. Some of the men simply played cards in order to win a few dollars and to pass the time. After looking over their new clothes and supplies, the rest of the people went to bed.

Despúes de llegar al rancho, continuaban hablando de sus experiencias por largas horas durante la noche. Algunos de los hombres, simplemente jugaban barajas para ganar unos dólares y pasar el tiempo. Después de ver su ropa nueva y sus provisiones, el resto de la gente se iba a dormir.

Durante la cosecha, el troquero detenía una cierta suma de dinero por cada caja de cerezas piscadas. Tal método facilitaría al troquero tener suficiente dinero con que irse a otros lugares. Como todos los migrantes estaban viajando en un solo troque, el troquero sentía que tal acción pudiera ser beneficiosa para todos.

Además, el dueño del rancho, también se quedaba con un cierto porcentaje por cada caja de cerezas piscadas. Esto se lo daban a los migrantes al final de la cosecha. A este dinero le llamaban "bonos."

Si los migrantes algún día decidieran irse del área, tenían que considerar las consecuencias en una manera muy seria. Si se iban muy temprano, estaban seguros de perder algunos cientos de dólares.

El único tiempo en que mucha gente se iba de los ranchos, era cuando las cosechas fallaban. Muchos como quiera se iban, aunque necesitaban desesperadamente sus bonos para llegar a otra parte del país. Los bonos solamente se los daban, si se quedaban al fin de la cosecha, aunque habían ganado el dinero ellos mismos.

Otros, desesperados también, se irían a buscar trabajo más bueno por razones de deudas de vehículos que tenían que ser pagados, o por compañías de hipotecas de donde venían, que demandaban dinero y más dinero. Tratando de detener a la gente de irse, el método del sistema de bonos, no era muy efectivo. Muchos preferían perder sus bonos para salvar lo poquito que tenían en sus hogares de invierno.

Los pobres migrantes todo el tiempo en su viaje, esperaban que las próximas cosechas les dieran el dinero que tanto necesitaban.

Durante las tardes y fines de semana, los chicanos iban a

During the harvest, the trucker kept a certain sum of money for every box of cherries picked. Such a practice would enable the crew leader to have enough money with which to leave for other places. Since all of the Migrants were traveling in one truck, the crew leader felt that this action would be beneficial to all of them.

In addition, however, the owner of the farm would also keep a certain percentage for every box of cherries picked. This was given to the Migrants at the end of the harvest. They called this a "bonus."

If the Migrants ever decided to leave an area they had to consider the consequences in a serious manner. If they left too early they were sure to lose a couple of hundred dollars.

The only time many Migrants left their farms were when the crops were bad. Many would even leave though they desperately needed their "bonus" money in order to reach another part of the country. The "bonus" money was given to them only if they stayed to the end of the harvest, even though they had earned it.

Others, desperate also, would leave looking for better work because of vehicle debts which had to be paid, or because the mortgage firms in their winter headquarters were demanding money and more money. Trying to keep people from leaving by using the hated "bonus" system was not very effective since many people preferred to lose their "bonus" in order to save what little they owned back home.

The poor Migrants always hoped that the next crops in their journey would provide the money which they needed.

During the afternoons and weekends the Chicanos went for a swim in a nearby lake. They went to the public sector where all kinds of people were present, Chicanos, Puerto Ricans, Blacks, Whites, all having a delightful time. Some of the Whites would even rub soap on their bodies. The Chicanos felt that such an act should be done only at home and not in public. However, the laughter and the indifference to this by the other people soon made them

nadar en una laguna cercana. Iban a un sector público donde todas clases de gente estaban presentes, chicanos, puerto riqueños, negros, blancos, todos, teniendo un buenísimo tiempo. Algunos de los blancos aún usaban jabón en sus cuerpos. Los chicanos sentían que esto debiera ser hecho solamente en la casa y no en público. Las risas y la indiferencia a esto, de la otra gente, pronto los hizo sentir bien, formando buenas amistades y teniendo una gran diversión.

Grandes multitudes de migrantes estaban trabajando en las labores que estaban cubiertas por el sereno, durante la parte temprana de las mañanas. Sus gritos se podían oír en la distancia, por gente que se acercaba a la labor. Los lloridos de los niños, el ruido de las cajas que estaban descargando, el ruido fuerte de los troques y tractores, y el ladrido incesante de los perros, hacían un tremendo alboroto.

Los chicanos que estaban viviendo en comunidades pequeñas de agricultura, cerca de la frontera mexicana, estaban sorprendidos de pronto, en ver blancos trabajando junto con chicanos, negros y otra gente pobre.

El inglés del sur de la gente blanca, era extraño cuando lo oían. Los negros, parecía que no hacían ninguna distinción entre hablar y gritar. Los gringos y los negros también tenían sus propias impresiones, principalmente, que los chicanos y puerto riqueños no hablaban inglés porque eran muy perezosos para aprender su lengua.

Había muchos individuos que tomaban ventaja de la confusión, para patrocinar su envidia. Se robaban cajas llenas de cerezas de otra gente, piscaban en surcos que eran ajenos y se robaban cubetas. Robaban a su propia gente y también a otros. Esta gente necesitaba mucho mejoramiento en portarse como seres humanos.

El tiempo se estaba volviendo caliente, mientras se pasaba la estación de verano. El trabajo continuaba hasta la hora cuando les decían que pararan de piscar. Subiéndose a árboles todo el día, acarreando cubetas llenas de cerezas y escaleras de mano por toda la labor, era muy trabajoso, pero mientras los árboles

feel at ease and they were soon forming friendships and having a great deal of fun.

Hordes of Migrants were working the fields which were covered by a mist during the early part of the mornings. Their shouts could be heard in the distance by people approaching the field. The cries of the children, the noise of the boxes being unloaded, the roar from the trucks and tractors and the barking of dogs made a tremendous uproar.

The Chicanos who had been living in small farming communities near the Mexican border were at first surprised to see Whites working with Chicanos, Blacks, and other poor people.

The White people's southern English was strange to hear. The Blacks did not seem to make any distinction between shouting and talking. The Anglos and Blacks had their own impressions, mainly that the Chicanos and Puerto Ricans were speaking Spanish because they were too lazy to learn their language.

There were many individuals who took advantage of the confusion to promote their own greed. They would steal boxes full of cherries from each other, pick in rows which did not belong to them, and steal pails. They stole from their own people and from others as well. These people needed much improvement in human behavior.

The weather was getting hotter as the summer session rolled on, but the work continued until the hour when everyone was told to stop. Climbing trees all day, carrying buckets full of cherries, and carrying long step ladders all over the field was very tiring, but as long as the trees were full of cherries the people seemed to forget the hard work and aching muscles. They worked faster and faster in order to beat their neighbors, get the best trees so they would be able to cover all their bills. If they would have money left over some people would buy other things. Such a thought even made some feel as if they already possessed their desired objects.

Every family was assigned a row, and all worked in a

estaban repletos de cerezas, la gente parecía olvidar el duro trabajo y sus músculos dolientes. Trabajaban más rápido y más rápido para ganarle a sus vecinos, agarrar los mejores árboles para que pudieran cubrir todas sus cuentas. Si les quedaría dinero de sobras, podrían comprar otras cosas. Tal pensar los hacía sentir que ya tenían sus objetos deseados entre sus manos.

Cada familia era asignada a un surco y todos los miembros trabajaban en una manera cooperativa. Los miembros adultos de las familias acarreaban su escalera, cubeta y banda.

Mientras el día pasaba, la gente se ponía chorreada, porque el jugo de cereza escurría en sus caras y ropas. Debido al tráfico pesado, había bastante polvo de tierra volando en el aire. Algunos ojos verdes y azules de la gente blanca eran las únicas cosas que podían ser vistas en sus caras sucias, mientras los negros se ennegrecían más y los chicanos e indios se volvían más obscuros. Los niños eran las criaturas más curiosas, como el jugo y tierra se les pegaban en sus caras, solamente lo blanco de sus ojitos se podía ver. Mientras, los niños continuaban comiendo cerezas y tierra.

Algunos ranchos de Michigan no tenían baños. Como consecuencia, la gente que estaba bien cansada para calentar agua y bañarse, se iban a bañar y nadar a una laguna cercana.

La cosecha de cerezas había llegado a su finalidad y los migrantes inquietos se fueron a lugares diferentes a través de la nación. Unos se fueron a matricular sus niños en la escuela, otros se fueron a seguir las cosechas dentro de Michigan, otros se fueron a hacer sus hogares en ciudades grandes del Medio Oeste. Las super-carreteras que ya estaban llenas de campers y otros vehículos, pronto incluirían las caravanas de los migrantes.

Se fueron durante las horas tempranas del amanecer y al salir el sol, la gente local descubrirían que el escenario era el mismo, excepto que los migrantes ya se habían ido. Volverían en olas, tan pronto como las labores de pepino, manzanas, peras y duraznos estuvieran listas para ser piscadas.

En el camino, los migrantes pensaban en la cosecha de cerezas y sus implicaciones en sus vidas. Había sido una buena

cooperative manner. Every adult member of the family carried his own ladder, bucket, and strap.

As the day passed, the people all got dirty faces as the cherry juice would fall on their faces and their clothes. Due to heavy traffic, there was also plenty of dust. Some White peoples' green and blue eyes were the only conspicuous things which could be seen on their dirty faces, while the Blacks got blacker and the Chicanos and Indians got darker. The children were the funniest creatures as the juice and dust stuck to their faces and only the whites of their little eyes could be seen. Meanwhile, some infants continued to eat cherries and dirt.

Some Michigan farms did not have a shower. As a result, some people who were too tired to heat water and take a bath would go for a swim at a nearby lake.

The cherry harvest had come to an end, and the restless Migrants left for different places all over the nation. Some Migrants left to enroll their children in school. Others left to follow crops within Michigan and in other states. Others went to settle in large midwestern cities. The expressways, which were already full of campers and other vehicles, would soon include the Migrant caravans.

They left during the early morning hours, and at sunrise the local people would discover that the scenery was the same except that the Migrants had left. They would be back in waves as soon as the pickle, apple, pear, and peach fields were ready to be harvested.

On the road the Migrants thought about the cherry harvest and its implications on their lives. It had been a good harvest, and some had saved to buy different things. If the next crop stop would be as good, and the fields would be ready for harvesting, they would have a good winter in their southern homes, that is, if they did not have to spend their little extra money waiting for the crops to mature.

Good crops would enable them to think about returning next year, and perhaps they would earn enough money to move to another environment which would influence their way of life. ¡Si Diosito quiere!

cosecha, y algunos habían ahorrado para comprar cosas diferentes. Si la próxima cosecha estuviera tan buena como la anterior y las labores estuvieran listas para cosecharlas, tendrían una buena existencia en sus hogares, durante el invierno, esto era, si no tuvieran que gastar su dinerito extra, esperando que las siguientes cosechas se maduraran.

Buena cosecha les facilitaría pensar en volver el próximo año, quizás, ahorrarían suficiente dinero para mudarse a otro ambiente que influenciara su manera de vivir. ¡Si Diosito quiere!

LOS MIGRANTES EN LAS

LABORES DE TOMATE DE OHIO . . .

En una mañana clara y temprana, una caravana de migrantes llegaba a la tierra llana de Ohio noroeste. El ambiente rural que los rodeaba, estaba dividido en ranchos pequeños, en donde cada espacio accesible, estaba usado para cosechas y pastos. Ocasionalmente, un espacio pequeño de tierra era ocupado por un robledo de árboles que modificaban la monotonía del ambiente.

Los migrantes fatigados estaban contentos de ver las casas bien cuidadas, rodeadas de yardas grandes, verdes, con jardines. Su gran deseo de hacer residencia fija, de comer, de descansar y ver las labores de tomate, los hacía ansiosos de mudarse a sus pequeñas casitas blancas que el ranchero les tenía listas. Cuando el trabajo de descargar sus cosas estaba hecho, realizaron que las cabañas estaban mejores que muchas otras en que habían vivido a través de sus viajes.

La tierra rural era diferente que otras áreas donde habían ido durante su ciclo anual. Ahora, dondequiera había grandes áreas ocupadas por labores de maíz, que bloqueaban cualquier brisa fresca durante el día. Labores de soybeans y alfalfa también le daban aumento a la verdura.

Estas plantas algún día perturbarían el olfato de los migrantes. Las plantas crecidas de tomate, también lastimarían la

THE MIGRANTS

IN THE TOMATO FIELDS

OF OHIO . . .

On an early sunny morning a Migrant caravan reached the flat country of northwestern Ohio. The surrounding countryside was divided into small farms in which every available space was used for farming and grazing. Occasionally a small space of land was occupied by a grove of trees which modified the monotony of that environment.

The weary Migrants were delighted to see the well-kept houses surrounded by large green yards with gardens. Their great desire to settle down, to eat and to rest and see the tomato fields, made them eager to move into their small white cabins provided by the grower. When the job of unloading their belongings was done, they realized that the cabins were better than the other shacks which they had occupied throughout their travels.

The countryside was different from other areas which the Migrants had been to during their yearly cycle. Everywhere now there were large areas occupied by corn fields which blocked any fresh breeze during the day. Soybean and alfalfa fields also added to the greenery.

These would someday perturb the Migrants' sense of smell. The grown tomato plants would also hurt the people's sensi-

sensitividad de la gente, porque el polvo de tales plantas, lo sorberían los trabajadores que resollaban fuerte cuando se movían rápidamente. El olor de tomates podridos no les enfadaría, ni el pisoteo de las frutas, porque esas actividades eran una parte de su trabajo diario.

Uno de los pocos consuelos, era sentarse bajo el sol caliente y deleitarse comiéndose uno de esos grandes y jugosos tomates que se hallaban bajo las hojas de esa planta maravillosa.

La brisa fresca de Lake Eire, invadía las noches obscuras, llenas de estrellas claras, traía olores desfavorables al campamento migratorio. El hogar de los marranos de cuatro pezuñas, prestaba su fragancia a las noches cristalinas. Poco sabían que sus vidas tenían tal impacto en la gente morena de otras partes de la nación. Las gallinas blancas también prestaban su fragancia a la noche. Algún día ellas, como los marranos, se juntarían con las reses en las mesas de comer de la humanidad.

La cosecha de tomate estaba extremadamente buena ese año, y sus efectos indudablemente tendrían un buen resultado, eso era todo lo que importaba. Si la gente ahorrara suficiente, comprarían bastante harina y frijoles y embotarían bastante maíz y tomate. En orden de guardar para tiempos adversos, ya habían embotado otros vegetales y frutas a través del ciclo migratorio, para tener un buen existir en sus propias casas. Deseaban comprar ropa para que sus niños fueran a la escuela y se sintieran confortables con los otros niños.

Muchas deudas tenían que ser pagadas a casas hipotecarias de vehículos y financieras. Si la gente pagaba sus deudas a través del ciclo, entonces verdaderamente tendrían una buena cosecha. Tal vez si el migrante consiguiera un buen empleo, podría hacer su residencia fija como otra gente. Cada miembro de la familia sabía estos hechos y ésta era la razón porque los niños hacían su parte.

La gente tenía que esperar unas dos semanas para tener la primera pisca. El primer día de trabajo les facilitaría saber el tipo de cosecha que iba a ser. Durante las siguientes mañanas tempranas, las plantas estaban mojadas debido a serenos densos.

tivity for the powder from the tomato plants would be inhaled by tired fast-breathing workers. The smelling of rotten tomatoes did not bother them, nor the crushing of the fruits by their fast moving hands or feet, since such activities were a part of their daily work.

One of the few comforts was to sit down under the hot sun and enjoy eating one of those huge juicy and cool tomatoes found beneath the leaves of that wonderful plant.

The cool breeze from Lake Erie would invade the dark nights filled with bright stars. The breeze brought unfavorable odors to the Migrant camp. The home of the four-hoofed pigs gave its fragrance to the bright nights. They could little know that their lives had such an impact on the brown people from other parts of the nation. The white chickens also added to the night's fragrance. Someday they, like the pigs, would join the cows at the dinner tables of humanity.

The tomato crop was extremely good that year, and its effects would undoubtedly have a good result since that was all that mattered. If the people could save enough they would buy plenty of flour and beans, and they could can plenty of corn and tomatoes. In order to save for hard times they had already canned other vegetables and fruits throughout the Migrant cycle in order to have a good winter back home. And they wanted to buy clothes so that their children would go to school and feel comfortable with other children.

Plenty of bills had to be paid for house mortgages, vehicles, and to loan companies. If the people could pay their bills throughout the cycle, then they would indeed have a good harvest. Perhaps if he could land a good job, the Migrant could settle down like other people. Every member of the family knew these facts, and that was why the children would do their share.

The people had to wait for a couple of weeks for the first picking. The first day at work would enable them to size up the harvest. During the following early mornings the crops were wet due to the heavy mists. After the sun had gently dried the vege-

Después que el sol suavemente había secado la vegetación, los migrantes, cuyos pantalones todavía estaban mojados, estarían bien en camino de completar sus tareas. Su paso variaba con el tiempo del día o con el número de surcos que tenían que ser piscados. Habría estaciones en que las cosechas no iban a estar buenas, o en que los migrantes estarían llenos de deudas. Cuando esto ocurría, todo el mundo trabajaría desde que el sol sale hasta el anochecer. Si era necesario, los niños también tendrían que trabajar, y se esconderían en las labores de maíz, si inspectores de escuela llegaban.

Cuando los tomates estaban listos para ser piscados, no podían permanecer mucho en las labores. Esta era la razón porque la gente trabajadora cuidaba bien las plantas que les daban subsistencia, sabían que su trabajo también era parte de un retrato más grande y que su parte también le daba subsistencia a otros. Cuando las cosechas estaban buenas, los migrantes contentos de hacer su trabajo, veían en ellas, un elemento de seguridad.

Tal vez Dios cuidadosamente nutriría las cosechas y no mandaría lluvias excesivas que podrían severamente dañar las frutas coloradas.

La actividad de labor aumentó su paso mientras el tiempo favorable facilitaba que la gente trabajara en todos los aspectos de la cosecha del tomate. Los migrantes tenían que piscar las labores, cargar los troques, y llevar las frutas a las grandes compañías embotadoras, donde solamente gente blanca trabajaba. También tenían que embotar tomate y maíz para el invierno y diariamente analizaban su situación en relación al futuro. Cada quien, en esa parte del mundo, parecía hacer su parte como si supiera que pertenecía aún, a una más grande familia, trabajando para el beneficio de todos. Cajas sobre cajas de tomates colorados, jugosos, eran piscadas durante esos largos días calientes de verano. Había tanto trabajo que hacer que aún las hormigas se morirían de envidia si pudieran pensar.

Los troques eran cargados rápidamente, por jóvenes fuertes, delgados, morenos y sudados durante la noche y el día,

tation the Migrants, whose pants were still wet, would be well on their way to completing their assignments. Their pace varied with the time of day or with the ground remaining to be worked. There would be seasons in which the crops weren't good, or in which the Migrants were heavy in debt. When that happened, everyone would work from sunrise to sunset. If need be, the children would work also, and they would hide in the corn fields if school inspectors arrived.

When ready to be picked, the tomatoes could not remain in the fields for long. That is why the harvest people would take care of the plants which gave them a livelihood, and they knew that their work was also a part of a larger picture which provided for the livelihood of others. When the crops were good the Migrants were happy to do their work since in this they would see an element of security. Perhaps God would carefully nourish the crops and not send excessive rainfall which would severely damage the red fruits.

The labor activity increased its tempo as the favorable weather enabled the people to work in all aspects of the tomato harvest. The Migrants had to pick so many fields, load so many trucks, and take the red fruits to the great canning companies where only Whites worked. The Migrants had to can tomatoes and corn for winter, and daily they had to analyze their situation in relation to the future. Everyone in that part of the world seemed to do his part as if he knew that he belonged to a still larger family working for the common good. Boxes upon boxes of red juicy tomatoes were picked throughout those long hot summer days. There was so much work done that even the ants would die of envy if they could think.

The trucks were loaded by strong slender brown sweaty men during night and day, faster and faster, since they would soon need the boxes and the money. If they slowed down, other Migrants or their bosses would get to the canning company first and get the empty boxes. If they failed to get boxes or hampers, then their families would have to sit and wait in the fields until they did. After working in many fields, the tired

porque la gente necesitaba las cajas y el dinero. Si su actividad disminuía, otros migrantes o sus patrones llegarían a las compañías primero y agarrarían las cajas vacías. Si fracasaban en conseguir cajas o canastos, entonces sus familias tendrían que sentarse y esperar en las labores hasta que lo hicieran. Después de trabajar, los migrantes cansados se irían de las labores, en una manera que enseñaba lo cansados que estaban.

Durante la parte temprana de la noche, continuaban discutiendo y haciendo planes para el futuro. El tiempo pronto llegaría para que el bos de la escuela levantara los niños. ¿Pero estaban los agricultores y migrantes preparados para esto? Había muchas cosas que hacer, y la idea continuaba interesando a toda la gente. Los chicanos sabían que antes de dejar el área, tenían que terminar su contrato o perder el dinero de sus sueldos, los llamados "bonos." Además tenían que resolver sus deudas con el troquero y las tiendas locales.

Mientras, el trabajo continuaba, cuando los niños menores de dieciseis años estaban en la escuela, como pedía la ley. Estos ayudaban a sus propias familias después de la escuela. Mucho trabajo tenía que ser hecho antes de la primera helada y antes que las compañías de embotar cerraran sus puertas. Los agricultores y los migrantes sabían que ese día pronto llegaría y querían piscar cuantos tomates como fuera posible, para hacer una ganancia. Esto les facilitaría tener una mejor vida y era todo el propósito de tanta actividad en las labores de tomate en Ohio.

Algunas de las criaturas pequeñas habían estado en programas de Headstart en otros estados. Muchos padres sentían que esas actividades eran beneficiosas para sus niñitos, que pasaban tantas horas largas bajo el sol caliente.

Cuando miraban sus hijos subir al bos de escuela, silenciosamente se decían: "ojalá que los traten bien." Mientras trabajaban en las labores, pensaban en ellos, y lo que les podría pasar en las escuelas locales de gente blanca. Quizás, los maestros no los castigarían por hablar español. Quizás no los criticarían por su silencio en un ambiente extraño. ¿Podría ser que su cortesía y sus sonrisas fueran suficiente protección en su nuevo am-

Migrants would leave the fields in a manner which showed how tired they were.

During the early part of the night they continued to discuss and make plans for the future. The time would soon arrive for the schoolbus to pick up the children, but were the local farmers and the Migrants ready? There were still many things to do, and the thought continued to concern all parties. The Chicanos knew that before they left the area they would have to terminate their contract or lose the money held back from their earnings, the so-called bonus. Besides, they had to settle their debts with their crew boss and the local stores.

Meanwhile, work continued while now the children under sixteen were in school as the law demanded. They helped their respective families after school. So much work still had to be done before the first frost and before the canning companies closed their doors. The farmers and Migrants knew that such a day would soon arrive, and they wanted to get as many tomatoes picked in order to make a profit. This would enable them to have a better life, and that was the whole purpose of so much activity in the tomato fields of Ohio.

Some of the small children had been to headstart programs in other states. Many Migrant parents felt that such activities were beneficial for their little ones who spent so many hours under the hot sun.

When they saw their children board the schoolbus they would silently say, "Ojala que los traten bien." While working in the fields they would silently think about their children and what would happen to them in the local White schools. Maybe the teachers would not punish them for speaking Spanish. Perhaps the teachers would not criticize them for their quietness in a strange environment. Would their politeness and their smiles be enough protection in their new environment? Perhaps the White children would not ridicule them and hurt their feelings. Perhaps a teacher would not ask them when they were going to return to Mexico. Was such parental worrying necessary? If they could only know that their children were in good hands.

biente? Quizás los niños blancos no los ridiculizarían ni lastimaran sus sentimientos. Quizás el maestro no les preguntaría cuando regresarían a México. ¿Eran necesarios tantos apuros de padres? ¡Si solamente ellos pudieran saber si estaban en buenas manos!

Los padres trabajaban todo el día bajo esta presión. Sabían que sus niños estaban en el poder de los maestros, y por lo tanto no había nada que pudieran hacer. En la noche hablarían de sus problemas y les insistirían que respetaran a sus mayores y a toda la gente de buena fe.

Muchos padres sentían que el futuro sería bueno para sus niños, y que algún día crecerían y serían inteligentes, gente responsable, que estarían envueltos en esos procesos que grandemente influenciarían sus vidas. Los padres sentían que sus hijos mejor que nadie, sabrían la raíz de sus problemas.

El verano lentamente estaba volviéndose en otoño. La gente miraba las grullas volando hacia el sur. Los pájaros cantaban menos y disminuían en número. Las ardillas estaban ocupadas de un modo febril, colectando y acumulando provisiones de comida para cuando llegara la nieve. Los grandes árboles estaban soltando las hojas amarillas, cafeses y coloradas, como para decirle a los migrantes que una parte más del ciclo migratorio ya se estaba terminando.

El aire frío y murmullante del norte pronto se intensificaría y las primeras señas de heladas aparecerían. Las nubes azules de abajo, se volverían en líneas largas de nubes negras, pesadas, que finalmente echarían a la gente hacia el sur.

Dentro de poco, las plantas y semillas tomarían un descanso muy necesario. La planta de tomate, ya estaba terminando su ciclo de existencia.

Los troques de migrantes voltearían hacia el sur y, al final de su destinación, la gente se cambiaría historias de sus experiencias en los estados norteños.

The parents worked all day under this stress. They knew that the children were at the teacher's mercy, and for the time being there was nothing that they could do. At night they would talk about their problems and urge the children to respect their elders and all good people.

Still, many parents felt that the future would be good for their children, that someday they would grow up to be intelligent and responsible people, and that they would be involved in those processes which greatly influenced their lives. The parents felt that their children, better than anyone else, would know the nature of their problems.

Summer was slowly turning into Autumn. The people saw geese flying southward. The birds sang less and diminished in numbers. The squirrels were engaged in feverishly collecting and storing food supplies for the winter snow. Large trees were dropping yellow-brown-red leaves as if to remind the Migrants that one more part of the Migrant cycle was coming to an end.

The cool whispering northern wind would soon intensify, and the first signs of frost would soon appear. Soon blue bottom clouds would turn into long lines of huge black clouds which would finally drive the people southward.

Soon the plants and seeds would take a much needed rest, and the tomato plant was about to end its living cycle.

Soon the Migrant trucks would turn southward and at the end of their destination, the people would exchange comments with each other about their experiences in the northern states.

El verano lentamente estaba volviéndose en otoño. La gente miraba las grullas volando hacia el sur. Los pájaros cantaban menos y disminuían en número. Las ardillas estaban ocupadas de un modo febril, colectando y acumulando provisiones de comida para cuando llegara la nieve. Los grandes árboles estaban soltando las hojas amarillas, cafeses y coloradas, como para decirle a los migrantes que una parte más del ciclo migratorio ya se estaba terminando.

Summer was slowly turning into Autumn. The people saw geese flying southward. The birds sang less and diminished in numbers. The squirrels were engaged in feverishly collecting and storing food supplies for the winter snow. Large trees were dropping yellow-brown-red leaves as if to remind the Migrants that one more part of the Migrant cycle was coming to an end.

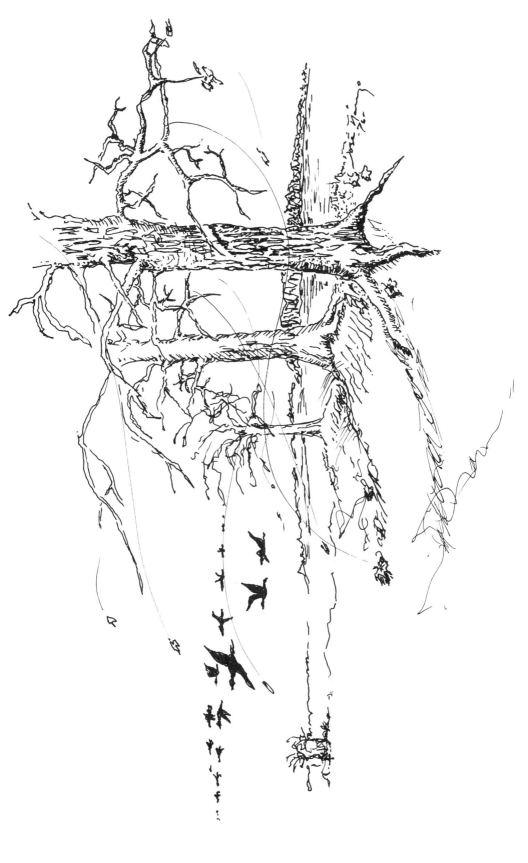

UNA FAMILIA CHICANA Y EL

CICLO MIGRATORIO DE TEXAS ...

Antes que los rayos delgados, rojos y anaranjados del sol ardiente comenzaron a iluminar las llanuras del oeste de Texas, Juan Rodríguez y su familia ya habían estado trabajando por una hora, en una de los cientos de labores de algodón que cubrían esa parte de las grandes llanuras del sur.

Esa mañana fría, un extraño fenómeno inesperado, apareció de ningún lugar. La gran velocidad de ese objeto desconocido, hizo su apariencia increíble por algunos segundos, facilitándole a la familia Rodríguez, que capturaran una impresión pronta de tal ocurrencia.

Era un objeto ardiente de luces de muchos colores, rodeado de rayos increíbles que escapaban a ser descritos por un ser humano y estaba elevado algunos cientos de pies, arriba de sus cabezas. Tal espectáculo extraño y al mismo tiempo hermoso, había durado por un breve intérvalo y había impulsado a Juan a juzgar todos sus días en esta tierra. Tal vez era este evento, que lo hizo pensar otra vez de su propósito en esta existencia y de las cadenas invisibles que lo mantenían atrapado.

La familia Rodríguez se sentó alrededor de una lumbre hecha de hojas secas de algodón y discutieron la extraña ocurrencia. No llegaron a ninguna conclusión precisa. Entonces

A CHICANO FAMILY

AND THE TEXAS MIGRANT CYCLE ...

Before the slender and hot orange-red sun beams began to illuminate the West Texas Plains, Juan Rodríguez and his family had already been working for an hour in one of the many hundreds of large cotton fields which dot that part of the Southern Great Plains.

That cool morning a strange and unexpected phenomenon appeared out of nowhere. The great velocity of the unknown object made its unbelievable appearance for a few seconds, enabling the Rodríguez family to capture a snap impression of the occurrence.

It was a fiery multicolored object surrounded by other unbelievable rays which escaped human description, and it soared a few hundred feet over their heads. Such a strange and beautiful spectacle lasting for such a brief interval prompted Juan to weigh all his days on earth. Perhaps it was this event which led him to wonder again about the purpose of his existence, and to wonder about the invisible chains which kept him trapped.

The Rodríguez family sat around a fire made of dead cotton leaves and discussed the strange occurrence, arriving at no definite conclusion. They then discussed the events which led them to that field and that part of their lives.

It was still early morning, clear, and the sky was still filled

discutieron los eventos que los dirigieron a esa labor y a esa estancia de sus vidas.

Era aún una mañana temprana y clara y el cielo estaba todavía lleno de estrellas cristalinas que estaban constantemente disminuyendo en número mientras llegaban las fuerzas de la luz.

Juan sabía que todo el mundo en su familia tenía frío. Sus labios ya estaban quebrados y sus caras cafés estaban secas y quebradas. A veces, se ponían dos pares de pantalones, dos camisas y una chaqueta para aguantar, porque el aire norteño despaciosamente penetraría todas sus ropas en una manera cruel. La familia no era tan particular si sus ropas olieran a humo, a través del día como tenían que calentarse para continuar piscando algodón.

Juan llegó temprano a las labores blancas de algodón, porque quería ahorrar más dinero para pagar sus deudas, tener algún dinero extra y que su familia tuviera una mejor chance de sobrevivir durante el invierno impredecible. Quizás sería capaz de descansar por algunos días y entonces buscar empleo estable. En muchos casos, el futuro podía ser cruel, porque una helada inesperada, podría destruir las cosechas de legumbres, pero ahora se portaba como una amiga, todas las plantas de algodón estaban despojadas de sus hojas, así facilitaba a la familia que piscara aún más rápidamente.

Ahora que había una chance de trabajar, tomarían la oportunidad de tratar de ahorrar. No querían estar a la merced de eventos imprevistos, que pudieran dar tiempos malos a la gente sin estabilidad de empleo.

Como muchos otros migrantes del Valle del Río Grande, Juan había seguido el ciclo texano de algodón, de las labores de algodón del Valle, a la área de la Bahía de Matagorda, a Texas central, a Texas noroeste, a Texas central del norte y a Texas del oeste que era el último punto para los migrantes, antes que se fueran para sus casas otra vez.

El oeste de Texas también servía al mismo propósito para muchos otros migrantes que llegaban allí, de otras cosechas que más temprano habían acabádose a través de América. Ahora,

with bright stars which were constantly lessening in numbers as the forces of light approached.

Juan knew that everyone in his family was cold. Their lips were already cracked, and their brown faces were dry and chapped. Sometimes wearing two pairs of pants and two shirts plus a jacket did not help since the slow northern wind would slowly penetrate all their clothing in a cruel manner. The family did not mind that their clothes smelled of smoke throughout the day since warming up was essential in order to continue picking cotton.

Juan had arrived early at the white cotton fields since he wanted to earn more money to pay his debts and to have some money left over so that his family would have a better chance to survive during an unpredictable winter. Perhaps he would be able to relax for a few days and then look for stable employment. In many cases the future could be cruel since an unexpected frost would destroy vegetable crops, but now it acted like a friend since all the cotton plants were stripped of their foliage thus enabling the family to pick in a faster manner.

Now that there was a chance to work they would take the opportunity to try to save. They did not want to be at the mercy of unforeseen events which could deal many a blow to people without stability in employment.

Like so many other Migrants from the Rio Grande Valley, Juan had followed the Texas cotton cycle, from the Valley cotton fields to the Matagorda Bay area, to central Texas, to northeastern Texas, to central northern Texas, and to west Texas which was the last point for the Migrants before they departed for home once again.

West Texas also served the same purpose for many other Migrants who arrived there from other harvests throughout America earlier in the year. Now they, too, finished their year of work in the west Texas cotton. That red-green creature provided the Migrants with their livelihood, as it had done for so many people now erased from the earth. Perhaps the people's ancestors and the dead plants were now one, that being one of

ellos también, acababan su año de empleo en el algodón del
oeste de Texas. Esa verde colorada planta les daba a los migrantes para su vivir, como lo había hecho para mucha más gente
que ahora estaba borrada de este mundo. Quizás los antepasados
de la gente y las plantas muertas ahora eran uno, siendo esa, una
de las causas porque ellos cuidaban muchísimo tales plantas.

Cada diferente sección de este estado grande, había sido
cruzado tanto, por los migrantes, que ya sabían qué esperar en
cualquier área. La gente sabía cuáles irían a ser las reacciones de
la gente blanca del estado de la estrella solitaria, cuando ellos
hicieran su entrada necesaria a cada diferente región.

Cada vez que los migrantes se mudaban a un área nueva,
estudiaban las rutas, en los mapas de camino, que en muchas
maneras les recordaba de las características de la superficie de la
tierra, la fauna, la flora y otros chicanos.

Muchos tenían en sus mentes, los detalles de sus viajes de
esas rutas, por viajar en ellas por muchísimos tiempos. Sus ob-
servaciones constantes, los hacían observadores del área de primer grado y después contarían lo que habían visto, lo que
habían oído de otros y sus experiencias. En esta manera, los chicanos tejanos, continuaban aumentando su conocimiento,
comparando sus experiencias con otra gente.

Tal muestra les facilitaría mejorar y extender su sabiduría
de Texas. Los niños también ofrecían nuevos puntos de vista, en
el mundo del pensar chicano.

Así, los pensares de la gente eran todo el tiempo nuevas
ideas. Tal vez estos eventos de la vida se parecían a una mente
cuyas esquinas obscuras todo el tiempo, recibían nuevos puntos
de vista para esclarecer las áreas obscuras e ideas imprevistas.

Los migrantes eran compuestos de gente de habla hispana
de muchas partes de los Estados Unidos, México y Puerto Rico.
Todos se juntaban en ese área llamada El Llano Estacado, a levantar la cosecha principal, el algodón, que era como un rey
entre todas las otras plantas. Las plantas verdes rojas, habían
sido constantemente regadas cuando estaban creciendo. Ahora
miles de migrantes invadían las labores, y competían feroz-

the reasons why they would take tender care of the plants.

Every different section of that big state had been crossed so much by the Migrants that they knew what to expect in any area. The people knew what the reactions of the White inhabitants of the Lone Star State would be whenever the Migrants made their necessary entrance into each different area.

Everytime the Migrants moved into a new area, they would study the route maps which in so many ways reminded them of the characteristics of the land surface, the fauna, the flora, and other Chicano Tejanos.

Many had the details in their minds from traveling such routes for such a long time. Their constant observations made them firsthand field observers who later would narrate what they had seen and what they had heard from others and their experiences. In this way the Chicano Tejanos continued to increase their awareness by comparing their experiences with others.

Such a pattern enabled them to improve and expand their knowledge of Texas. Children also would offer new insights into the world of Chicano thought.

Thus in the people's thoughts were always new ideas. Perhaps these events in life resemble a mind whose dark corners always receives new insights to lighten the dark areas and unforseen ideas.

The Migrants were made up of Spanish-speaking people from many parts of the United States, Mexico, Puerto Rico, and they converged on that area called El Llano Estacado to harvest the main crop, King Cotton. The green-red creatures had been constantly irrigated when they were in their youth. Now thousands of Migrants invaded the fields, to compete fiercely for the best fields. It was the last crop to be harvested before the Chicanos returned to their homes.

Now each member of each family would tell of his adventures for all to hear. In many cases the stories would be exaggerated, but the Chicano's sense of listening and their ability to

mente por las mejores labores. Era la última cosecha para ser
levantada, antes que los chicanos regresaran a sus hogares.

Cada miembro de familia platicaría de sus aventuras para
que todo el mundo oyera. En muchos casos las historias podrían
ser exageradas, pero el sentido de los chicanos para escuchar y
su habilidad de ver a través de cosas, en su manera de pensar en
chicano, les facilitaba separar las mentiras de la realidad. ¡Nadie
le cuenta el Padre Nuestro al obispo! Ahora la ola café podía ser
vista en las labores, pero en unas pocas semanas, esa ola murmullante, se retiraría a su punto original.

Texas era su hogar, su fauna y flora estaba más cerca a
ellos que cualquiera otra cosa. La gente anciana, platicaba de los
días cuando sus padres habían sido vaqueros. Ocasionalmente,
uno podía oír de los corridos del norte a Kansas o de la vida en
esos ranchos grandes y rancherías de sur Texas, antes de los días
que trajeron la guardaraya los oficiales odiados de la frontera y
los rinches.

Los ríos, montañas, llanos mesetas y semi-desiertos, en-
cinos y árboles de nueces, todos eran parte de sus vidas. La
gente hablaba del tejón, del coyote, de la javalina, del coralio,
del cascabel, del tzinsontli, y de los caballos broncos.

Idos eran los días, cuando ellos compartían la tierra con
los indios, las tribus de Texas y de los tejones. Las historias del
pasado vivían en las mentes de la presente generación, y salían a
la superficie de las profundidades de su subconsciencia.

Ahora la gente se estaba volviendo una carga económica a
la sociedad en general, las máquinas reemplazaban su trabajo.

Mientras Juan pensaba del lugar que los chicanos tenían en
el orden del hombre blanco, empezó a pensar en las características de su familia. Su esposa Encarnación, era la única que había
tenido. Habían pasado muchas necesidades desde que se habían
casado. ¿Cuántas adversidades? Y bajo tales circunstancias, el
amor y el respeto, solamente había aumentado. Nomás Dios
sabía los que ella había sufrido para tener sus dos hijos y una
hija. Lo que habían sido solamente ideas, se habían vuelto una
realidad. ¡Qué buena mujer era para cuidar sus hijos! Como los

see through things in their manner of thinking in Spanish enabled them to separate fiction from reality. ¡Nadie le cuenta el
Padre Nuestro al Obispo! Now the brown tide could be seen in
the fields, but in a few weeks the murmuring tide would recede
to its point of origin.

Texas was their home, and its fauna and flora was closer to
them than anything else. The old people told about the days
when their parents had been vaqueros. Occasionally one could
hear the corridos del norte up to Kansas, or of life in the south
Texas ranchos and rancherias, before the days of borders, the
hated border patrol, and the rinches.

The rivers, the mountains, plains, plateaus and semi-
deserts, the cedar, mesquite, huisaches, palm trees, oak, and
walnut were all a part of their lives. The people talked of the
tejon, the coyote, the javalina, the chico, the coralio, the cascabel, el tzinsontli, and the wild horses.

Gone were the days when they shared the land with the
Indian, the Tejas and Tejon tribes. The stories of the past lived
in the minds of the present generation, and it surged to the surface from the depths of their subconscious.

Now the people were becoming an economic burden to
society in general as the machines were replacing their labor.

As Juan thought about the Chicano's place in the White
man's order, he began to think about his family's characteristics. His wife, Encarnación, was the only wife he had ever had.
How many deprivations they had gone through since they had
married! How many adversities. And under such circumstances
their love and respect for each other only increased. Heaven
only knows what she had gone through to bear their two sons
and daughter. What had been ideas before had become a reality.
What a woman to take care of her children! She had done
everything within her means to shape their lives with love.
Someday, when they were old, the children would not send
them to a nursing home. Perhaps they would include them in a
larger family when they got old, as he had done for his parents.
How many times had they made a good home for their children

quería tanto, había hecho todo lo posible para formar sus vidas. Algún día, cuando fueran ancianos, los niños no los enviarían a casa de viejitos. Quizás, los incluirían en una familia grande, cuando se envejecieran, tal como ellos lo habían hecho con sus padres. ¿Cuántas veces habían hecho un hogar para sus hijos en cualquier gallinero, que les fuera dado durante el ciclo migratorio? Tenían que hacer un buen nido, en cada lugar en donde se encontraran, para que sus avecitas más tarde, volaran a otras regiones fértiles.

Juan y Encarnación, pensaban que Pablo, su hijo, era en muchas maneras similar a su padre, pero parecía ser más pensativo. Habían resuelto que iría a la escuela cuando hubiera una chance, y que el joven reaccionaría como un potro salvaje, corriendo libremente en una pradera grande y verde. Su habilidad para leer y escribir en dos idiomas, le serviría por su gran sed de enterarse más y esto parecía que no tenía fin.

Era bueno oírlo leer durante las noches, y su lectura les facilitaba a la familia relacionar sus actividades con las de otra gente. Su curiosidad constante, era satisfecha por lecturas desde una edad temprana. Era respetable, obediente y tolerante de todos. Tal era la gran energía del joven, que tenía que ser dirigida en rutas constructivas. Como padres, hacían todo en su poder para motivarlo para aumentar su sabiduría.

Sus nuevos pensares, tenían que ser rellenados por ideas frescas, y esto lo hacía tratar más duro, así pensaba mientras piscaba cientos y cientos de libras de algodón. Tal vez algún día, su pensar creciera y aumentara y la cosecha de sus ideas podía ser compartida por muchos individuos.

Pablo había aprendido mucho de sus padres, pero sentía que el mundo tenía mucho que ofrecer. Cuando tenía una chance, iba a tiendas de libros a comprarlos. Estos eran sus compañeros constantes en la casa y en la labor.

Durante fines de semana, cuando no estaba en las labores, se iba a solas, a áreas solitarias y quietas a leer y a disfrutar del escenario que Dios le había dado al hombre para su beneficio. Y en el trabajo constantemente observaba, que cada cosita bajo el sol tenía un gran valor.

in whatever shelter was provided during the Migrant Cycle. They had to make a good nest in every situation in which they found themselves so that their young birds would later fly to other fertile regions.

Juan and Encarnación thought that Pablo, their son, was in many ways similar to his father, but he seemed to be more thoughtful. They had resolved that he would go to school whenever there was a chance, and that the youth would react like a wild potro, running free in a large green pasture. His ability to read and write in two languages would serve his great thirst for knowledge which never ended.

It was good to hear him read during the evenings, and his reading enabled his family to relate their activities to those of many other people. His constant curiosity was satisfied by reading at such an early age. Still, he was respectful, obedient, and tolerant of everyone. Such a youth's great energy had to be directed into proper channels, and as parents they did everything in their power to motivate him in order to further his learning.

His new thoughts had to be constantly replenished by fresh ideas which only the great unknown world could provide, and this made him try harder and harder as he picked hundreds and hundreds of pounds of cotton. Perhaps, someday, his thinking would grow and mature, and the harvest of his thoughts could be shared by many individuals.

Pablo had learned much from his parents, but he also felt that the world had much to offer. Whenever he had a chance he would go to bookstores to purchase books. These were his constant companions at home and in the fields. During weekends, when he was not in the fields, he would go by himself to lonely and quiet areas to read and to enjoy the scenery which God had given to Man for his benefit. And at work he would constantly observe that every little thing under the sun had a value.

At such moments Pablo would ask himself many questions. Perhaps the school teachers would try to learn about the different pupils, and do a better job in teaching them. What could be done to get more Chicano teachers? If only people

En tales momentos, Pablo se hacía muchas preguntas. Quizás los maestros de escuela tratarían de aprender, de sus estudiantes diferentes y harían un mejor trabajo en enseñarlos. ¿Qué se podía hacer para tener más maestros chicanos? ¿Si solamente la gente fuera más humanos uno a otro? ¿Y si solamente la gente entendiera el ciclo migratorio y los otros ciclos que precedieron al de ellos?

Juanito, el otro hijo, constantemente, pensaba de sus días escolares mientras trabajaba y jugaba. Su pasatiempo favorito, era hacer caminos de tierra que necesitaban mejoramientos constantes debido al tráfico de sus juguetes pesados, que eran troques. Sus ferrocarriles también necesitaban atención para que la gente y provisiones llegaran a sus destinaciones imaginarias. ¿Cuánta gente sufriría si era perezoso? ¿Cuánta gente había visto él trabajando en los caminos que necesitaban muchas composturas mientras su familia viajaba? ¿Cuántas cajas de legumbres y de frutas dejaban el valle para el norte casi todos los días? Algún día aprendería a reparar todas esas máquinas que estaban en los caminos. Quizás aprendería como hacer mejores caminos. Quizás aún figuraría como dormir en la plataforma de su troque mientras viajaban de un lugar a otro.

Los días de escuela no serían tan malos si los maestros lo trataran mejor, y si no perdiera las semanas tempranas del primer semestre. Su padre le había dicho que algún día fijaría permanentemente residencia y de esa manera, sus niños recibirían más educación.

Su mundo de niñez estaba envuelto en apuros.

¿Lo avergonzarían los maestros otra vez, haciéndolo pararse y decir su edad cuando estaba dos años atrás por seguir las cosechas? Tal vez no le preguntarían de sujetos estudiados antes de su llegada. ¿Hallaría un amigo que le ayudara con su tarea de escuela? Tal vez el principal no haría una mala cara cuando enseñara su cara para matricularse. ¿Lo ridiculizarían otros niños por ser pobre? Su hermano ya había pasado por todo eso y ya estaba en el doce grado. A pesar de esto, sería igual que su hermano y llegaría a doce.

were more humane toward each other. And if only people would understand the Migrant Cycle, and the many other cycles which had preceded theirs.

Juanito, the other son, would constantly think about his schooldays as he worked and played. His favorite pasttime was to build dirt roads which needed constant improvement due to the heavy traffic of his toy trucks. His railways needed attention too, for people and supplies needed to get to their imaginary destinations. How many people would suffer if he were lazy? How many people had he seen working on the roads which needed a great deal of improvement as his family travelled over so many highways? How many carloads of vegetables and fruits left his valley home for the north almost every day? Someday he would learn to repair all those machines which were on the roads. Perhaps he could learn how to build better highways. Maybe he could even figure out how to sleep better in the back of their truck as they travelled from one site to another.

School days would not be so bad if teachers would treat him in a better manner, and if he would not miss the early weeks of the first semester. His father had told him that someday they would settle down permanently, and that way his children would receive more education.

His childhood world was engulfed in worry.

Would the teachers embarrass him again by making him stand and tell his age when he was behind two years because of following the harvests? Perhaps they would not ask him questions about subjects studied before his arrival. Would he find a friend who would help him in his schoolwork? Perhaps the principal would not make a bad face when they showed up for registration. Would the children joke about his being poor? His brother had already been through all that and he was now a senior. He would get to be a senior like his brother.

Mr. and Mrs. Rodríguez felt that if the harvest was good and they finished early, then their three children would have a very good school year. They knew that if only one or two

El señor y la señora Rodríguez sentían que si la cosecha era buena y acababan temprano, entonces sus tres niños también irían a tener un buen año escolar. Sabían que si solamente uno o dos meses de escuela eran perdidos, Pablo haría su parte para acabar la escuela. Soledad su hermana, le ayudaría a Pablo con la matemática. Tocante el estudio de español, ya sabían tanto de gramática y literatura para poder pasar el primer año en el colegio. Eso sabían porque su maestra de español, la señora Flores, les había dicho. Juan Rodríguez quería buenas cosechas o un buen empleo para que sus hijos no perdieran escuela por ayudarlo.

Soledad, por su parte, sentía que ya estaba bien en su camino para ser una mujer de negocios. Ya los estaba ayudando a manejar sus dineros y éstos eran un buen comienzo. Pablo y Soledad siempre ayudarían con los planes de la familia.

Soledad también sentía que iba hacer buenos grados en la escuela porque durante las estaciones de la cosecha estudiaba libros de matemáticas, que compraba cuando tenía una chance. Aún tenía dos años para teminar la escuela normal, y se quería preparar para el colegio. Tal vez para ese tiempo su familia tendría un hogar fijo y viviría como otros chicanos. No estaba de prisa en casarse hasta que llegara a donde quería, como sentía que no deseaba arruinar las esperanzas de su padre en que tuviera una vida mejor que ellos.

¿Cuántas familias en los llanos del oeste de Texas estaban platicando de sus experiencias bajo condiciones similares? ¿Y cuántos niños necesitaban alguna atención por problemas penosos que les tapaban la mente a sus padres? ¿Y cuántas familias estaban hechando de menos algunos de sus hijos que murieron o que habían hecho sus hogares fijos en áreas norteñas? Este año estaban agradecidos porque al ciclo le había faltado incidentes o accidentes malévolos.

Al fin de la cosecha, los migrantes se fueron hacia sus propios hogares. Diferentes historias de experiencias se platicarían. Muchos regresarían más peor que cuando salieron, todavía hundidos en deudas y tendrían un invierno malo. Muchos migrantes

school months were missed, Pablo would do his best to graduate. Soledad, the sister, would help Pablo with his math. Spanish, well, they knew as much grammar and literature to pass a first year in college. That was what their Spanish teacher, Mrs. Flores, told them. Juan Rodríguez wanted good harvests or a good job so that his children would not miss school to help him.

Soledad, for her part, felt that she was well on her way toward becoming a businesswoman. She was already helping to manage their money, and that was a good start. Pablo and Soledad would always help with the family's planning. Soledad also felt that she would make good grades in school because throughout the harvest season she studied math books which she bought whenever she had a chance. She still had two years to go, and she wanted to prepare herself for college. Perhaps by that time her family would settle down and live like some other Chicanos. She was not in a hurry to marry until she reached her goal, since she felt that she did not want to ruin her father's hopes that she have a favorable life.

How many families in the west Texas plains were talking about their experiences under these same circumstances? And how many children lacked some attention because of the distressing problems that engulfed their parents' minds? And how many families were missing some of their own who had died, or who had settled in the northern areas. This year they were grateful because the cycle had been devoid of bad incidents and accidents.

At the end of the harvest the Migrants headed home. Different stories of experiences would be told. Many would return in bad shape, still heavily in debt, and they would have a bad winter. Many Migrants would return and tell about how they were swindled and penalized in situations beyond their control. Slowly by exchanging their views, the Migrants would put together the experiences of the cycle. After so many discussions, the Migrants felt that they knew their problems better than anyone else. ¡Orale!

regresarían y platicarían de como habían sido robados y penalizados en situaciones fuera de su control. Despaciosamente, cambiando sus experiencias, los migrantes reunirían las experiencias del ciclo migratorio. Después de tantas discusiones como estas, los migrantes sentirían que sabían de sus problemas mejor que nadie. ¡Orale!

EN EL CAMINO...

Después de dormir por unas cuantas horas, desperté y miré fuera de la puerta del umento de atrás del troque, para encontrar una mañana fresca y serenosa.

Realicé que ya estábamos más cerca de nuestros propios hogares. Dónde nos encontrábamos, era muy importante, porque las tormentas norteñas nos estaban persiguiendo no muy lejos de nosotros, y si nos alcanzan, la gente pobremente vestida, podría tener muchísimo frío. Ese tiempo hostil era un adversario, una señal para los migrantes de irse a sus hogares. Muchas veces ese enemigo impredecible, había creado problemas sin fin para la gente cansada y aburrida, que ahora regresaba a sus hogares de invierno.

Cuando nuestro troque fue preparado para la primera destinación en el largo ciclo migratorio, recompensas habían sido esperadas. Pero ahora, no había quedado nada de ese sueño, estábamos todos casi quebrados y muchos de nosotros, en mala salud. A través de nuestro viaje malaventurado, habíamos tenido adversidad sobre adversidad, en tres campos, de nosotros mismos, de la gente blanca y de la naturaleza. Cada uno se había llevado su cuenta. Ahora pensábamos que las cosas podrían ser mejores en nuestros hogares.

ON THE ROAD . . .

After sleeping for a few hours I awoke and looked out through an opening in the tailgate of our truck to discover a misty, cool morning.

I realized we were well on our way home. Where we were was very important, since the northern storms were right behind us and if they caught up with us the poorly clad people in the back of our truck would be very cold. Such unfriendly weather was an adversary, a sign for us Migrants to go home. Many times such an unpredictable foe had created countless problems for the weary people now returning to their winter homes.

When our truck had been prepared for our first destination in the long Migrant cycle, plenty of rewards had been expected. But now there was nothing left of that dream since we were all nearly broke, and many of us were in poor health. Throughout our ill-fated voyage we had adversity upon adversity from three quarters, ourselves, the White people, and nature. Each of these had taken its toll. Now we were thinking that things would be better back home.

I sat silently on the back of the truck as the farm and urban scenery constantly passed before my eyes. I was thinking about those experiences which had affected me during the cycle.

Estaba sentado silenciosamente detrás del troque, mientras el escenario urbano y rural constantemente pasaba ante mi vista. Pensaba en esas experiencias que me habían influenciado durante el ciclo.

En Ohio, había perdido mi caro amigo muerto en un accidente automovilístico.

Recordé la madre del muchacho y su cara de amargura, cuando se enteró de su muerte. Ahora se sentaba cerca de mí, muy sola y triste. Lo habían sepultado en Ohio, porque no se había conseguido suficiente dinero para sepultarlo en su propio suelo.

En Michigan la cosecha de cerezas casi había sido destruída por una helada temprana, pero teníamos algo de trabajo, como nuestro contrato decía que había empleo hasta que todas las cerezas que habían quedado estuvieran piscadas. Casi un mes de trabajo pesado, pero tal esfuerzo había dado poca ganancia. Como los vientos habían destruído algunas de las cerezas que se le habían escapado a la helada, ahora tenían que ser clasiadas, y nuestro trabajo se hizo más difícil aún, dejándonos todavía menos que se pudiera pagar. Gastamos el poco dinero que teníamos y en consecuencia, como en otros tiempos, solamente podíamos juntar nomás suficientes fondos para mudarnos a otra cosecha.

¿Qué le pasaría a José García, que hizo su apariencia primera en Kansas y pronto se hizo un fastidio para todo el mundo? Era él y su campo que habían trabajado por menos pago en las labores de maíz. ¡Qué desastre para los migrantes había sido esa movida chueca! Habían estado en deuda a los contratistas, que muy apenas la hicieron afuera de Kansas, con los oficiales de la ley local muy cerca de sus talones. José Pérez había dicho que si él algún día, veía otra vez a García, le daría chingazos sobre chingazos, tal como esas olas embravecidas que golpean la costa durante una tormenta furiosa.

Entonces recordó que en un tiempo habían llegado a un parque del camino, cerca de un pequeño pueblo del suroeste de Texas, cansados y casi al momento que habían preparado su

In Ohio I lost my dear friend who died in an automobile accident.

I remembered the boy's mother and her face of anguish when she learned of his death. Now she sat by me, lonely and sad. He had been buried in Ohio since no money was available to send him home for burial.

In Michigan the cherry crop had been nearly destroyed by an early frost, but we had some work because our contract called for work until all the cherries which were left were all harvested. Nearly a month of hard labor had gone by, but such an endeavor had given little in return. Our work was made even more difficult since the winds had destroyed some of the cherries that had escaped the frost, and now they had to be sorted, leaving us even less to be paid for. We spent what little money we still had, and as a result, like other times, we could only come up with just enough money to move to another harvest.

Whatever happened to Joe Garcia who made his appearance first in Kansas and soon became a nuisance for everyone? It was he and his crew who had worked for less pay in the corn fields. What a disaster such a move like that had been for the Migrants! They had been so indebted to the contractors that they barely made it out of Kansas with the local law officers right behind their heels. Joe Pérez had said that if he ever saw García again he would punch him over and over again just as the waves batter the coastline during a raging storm.

Then he remembered that once they had reached a roadside park near a small southwestern Texas town, tired, and just as they had prepared their meal they were told to move on by the police. The reason they gave was that there had been some crimes the night before. As the officers of the law delivered this message they kept touching their guns slowly to reinforce their unfriendly faces and their angry words.

Remember La Singleton who kept one-fifth of their strawberry wages as a "bonus"? The strawberry harvest had been a good crop, until the weather and forest animals nearly ruined it.

comida, les habían dicho que se fueran enseguida por la policía. La razón era que había habido algunos crímenes, la noche anterior. Mientras los oficiales de la ley entregaban sus mensajes, seguían tocando sus pistolas despaciosamente para reenforzar sus caras hostiles y sus palabras indignadas. Recordó la Singleton que se quedaba con la quinta parte de sus sueldos de fresas. ¡Los mentados bonos! La cosecha de fresas había sido buenísima, hasta que el tiempo y los animales del monte casi la habían arruinado. Tal vez los animales del monte estaban también en malas condiciones. Además los zancudos no habían sido tan amigables tampoco, y atacaban a los migrantes en nubes grises, ruidosas.

La Singleton había detenido sus dineros para escaparse de una pérdida, aún cuando sabía perfectamente bien que la gente necesitaba el dinero para comprar comida, especialmente para los niños pequeños. Cuando supo que la gente ya se iba a ir, llamó la policía y estos rodearon las labores. No quedó remedio más que salirse de Michigan, el lugar maravilloso de las aguas.

Mientras José miraba alrededor del troque, vió las expresiones tristes de las caras de la gente. Todo lo que tenía eran unas pocas canastas de ropa, algunos comestibles embotados y sus sartenes de cocinar. No era mucho para los grandes esfuerzos que habían hecho a través de su largo viaje. Lo que cada individuo había pasado, estaba plenamente escrito en su cara.

Las muchachas jóvenes y los niños estaban cubiertos con colchas para mantenerlos acalorados, mientras los hombres jóvenes solteros, juntaban sus últimos nicles y daimes para que los niños tuvieran algo que comer durante su próxima parada. En tales circunstancias, la cercana amistad de los migrantes era incuestionable, en experiencias tristes, juntaban sus recursos en un esfuerzo para evitar más sufrimientos entre su gente.

Había hospedado la idea que trabajando en una embotadora pudiera hacer algún dinero. Pero la cosecha de pepino no había sido excelente y no estaba aún ni buena tampoco. Cualquiera esperanza que hubiera tenido de ahorrar más dinero, pronto se habría perdido cuando su patrón y su mayordomo los

Maybe the forest animals were in bad shape too. Besides, the mosquitos had not been too friendly either, as they attacked the Migrants in noisy grey clouds.

La Singleton had kept their money in order to escape a loss, even though she knew perfectly well that the people needed the money to buy food, especially for the little children. When she learned that the people were about to leave, she called the police and they circled the fields. There was nothing else to do except to leave Michigan, the Water Wonderland.

As Joe gazed around the truck he saw the sad expressions on the people's faces. All they had were a few baskets of clothes, some canned goods, and their cooking utensils. Not much for the great efforts they had made throughout their long journey. What each individual had gone through was plainly written on his face.

Young girls and children were covered with blankets in order to keep them warm, while the single young men pooled their last nickels and dimes so that the children would get something to eat at the next stop. In such circumstances the Migrant's closeness was unquestioned, since in such sad experiences they would pool their resources in an effort to avoid more suffering among their people.

He had harbored the thought that with work in a canning company he would make some money. But the pickle harvest had not been excellent, and it wasn't even good. Whatever hope he had had about earning more money was soon lost when their boss and his fieldman ran them out of their quarters because they had asked for an advance to buy groceries.

The climax of the affair came when the crew leader punched the fieldman and the boss ran home to get his guns. Soon police cars surrounded the fields. The Migrants were asked to leave. ¡A la chingada con todo el borlote! In Colorado, Kansas, Texas, Arizona, etc., they had been asked to stay away.

Joe had traveled the Migrant routes for such a long time that he felt all the country was his home. He would receive letters from all parts of the country. He knew which routes to take

corrieron de sus casas porque solicitaron por un adelanto de
sueldo para comprar comida.

El desenlace del asunto llegó cuando el troquero le dió un
chingazo al mayordomo y el patrón corrió para su casa a sacar
sus pistolas. Después de esto, carros de policía rodearon las
labores. Les dijeron a los migrantes que se fueran. ¡A la chingada con todo el borlote! En Colorado, Kansas, Tejas, Arizona,
etc. les habían dicho lo mismo.

José había viajado en las rutas migratorias, por tan largos
tiempos, que sentía que todo el país era su hogar. Recibía cartas
de todas partes del país. Sabía cuales caminos tomar para conseguir buenas cosechas. A pesar de todo, José sabía que aunque
supiera muchas cosas, no podía controlar el tiempo, pero ¡qué
humano podía! ¡No soy el Creador!

En el camino Doña Conchita les hablaba a las muchachas
jóvenes, y todo el tiempo les decía a todo el mundo que había
más bueno que malo en este mundo. Era la maestra sin papeles
de los jóvenes. Enseñaba que todo tenía su propio lugar en el
Gran Plan de Dios, Nuestro Señor.

Llegando a Arkansas, tenían que dejar a Hillbilly John
cerca de sus amadas Ozarks. Hillbilly John primeramente se
había juntado con ellos cerca de Toledo, Ohio. Tocaba su gui-
tarra y cantaba esos corridos del sur, uno sobre otro. Muchas
veces se juntaba con los migrantes negros y cantaban esas canciones espirituales.

Paul de la Croix, se abajó cerca de Palestine, Texas para
irse hacia esas tierras de Louisiana que él llamaba su hogar. Con
él se fue el Larry, el indio que deseaba saber como pasar un año
en tales costas de Louisiana.

¿Qué le pasaría a la paloma y a la del mono colorado?
¡Muchacho! ¡Eran algo maravilloso para la vista!

¿Recuerdas la familia entera que se murió en ese desastro-
so accidente automovilístico?

¿Recuerdas la fiesta de día y noche, en el hogar de Little
Feather? Por muchas millas alrededor se habían reunido la gente
migrante para observar la coronación de la India princesa. Ella

to find the good crops. In spite of everything Joe knew that although he would know many things, he could not control the weather. But who could? No soy El Creador.

On the road Doña Conchita talked to the young girls, and she was always telling everyone that there was more good than evil in this world. She was the unofficial teacher for the young. She taught that everything had a place in God's plan.

Approaching Arkansas they had to leave Hillbilly John near his beloved Ozarks. Hillbilly John had first joined them near Toledo, Ohio. He would play his guitar and sing southern ballads one upon another. Many times he joined southern Black Migrants and they would sing those spiritual songs.

Paul de la Croix got off near Palestine, Texas, to head toward those Louisiana lands which he called home. With him went Larry, the Indian who wanted to see what a year near the Louisiana coast would be like.

Whatever happened to La Paloma and to La del Mono Colorado? Boy, they were something to look at.

Remember that entire family that died in that disastrous auto accident?

Remember the day and night party at Little Feather's place? From miles around the Migrants had come to see the coronation of the Indian princess. She was beautiful in her morning glory. If only they could have such joy at least once each month, then the power of youth would last for a long time. Agarra estas flores y lógralas bien.

The scenery was forever changing as their truck traveled its steady southward way. Soon the fear of the cold winds would be no more as they neared their homes. Tomorrow would arrive and with the day the Migrants would now see another world, a world where many a friend lived.

The final stage of their long journey was near, and their hopes for a bonanza were no more. It was time to get ready for the end of the cycle, for they were reaching their winter homes. So many of the wild waterfowl had preceded them there.

Ya muchas de las aves del agua, les habían precedido en llegar allí.

So many of the wild waterfowl had preceded them there.

era tan hermosa, como la luz del sol a la madrugada. Si acaso fuera posible que pudieran tener tanta felicidad, siquiera una vez al mes, entonces el poder de la juventud duraría un largo tiempo. Agarra estas flores y lógralas bien.

El escenario estaba constantemente cambiando, mientras el troque seguía su viaje hacia el sur. Pronto el miedo de los vientos fríos norteños se terminaría mientras se acercaban a sus hogares. Mañana llegaría y con la luz del día, los migrantes mirarían otro mundo, un mundo donde muchos amigos vivían.

El punto final de su largo viaje se acercaba, y sus esperanzas por una bonanza se hacían polvo. Era el tiempo de alistarse para la terminación del ciclo migratorio, porque ya se acercaban a sus propios hogares de invierno. Ya muchas de las aves del agua, les habían precedido en llegar allí.

PARTE DOS

EL PUNTO ORIGINAL DE INVIERNO DE LOS MIGRANTES

EN EL SUR DE TEXAS

PART TWO

THE MIGRANT WINTER HEADQUARTERS

IN SOUTH TEXAS

DONA ELENA ESTA ESPERANDO

EL REGRESO DE SU FAMILIA . . .

El tiempo estaba cambiando. Doña Elena cultivaba su jardín de dos acres, durante una mañana brillante y de sol templado. La mayoría de su trabajo diario tenía que ser hecho antes que los rayos rojos anaranjados del sol se desaparecieran, detrás de las palmas distantes.

A través del largo día claro, cuidaría su jardín y animales, mientras cantaba una canción suave y murmullante. Para una persona de su edad, Doña Elena mantenía un paso que constantemente sostenía mientras trabajaba en una manera enérgica. De poca distancia, parecía que Doña Elena estaba muy contenta y satisfecha en darle vida a sus ideas de tener un jardín hermoso y animales sanos.

La mañana estaba refrescante y mandó su nieta, Marina, a la escuela. Ahora en su jardín se preocupaba con pensares de la noche que se acercaba, de su nietecita y de su hijo e hija, en las lejanas cosechas norteñas.

Después le dió a las gallinas su comida diaria, tirándoles los maicitos en todas direcciones, para que los pollitos y pollos tuvieran chance de comer. Algún día estarían preparados para ser consumidos y otras gallinas irían a poner docenas de huevos. Mientras que un pensar seguía a otro, Doña Elena, se fué a la

DOÑA ELENA

AWAITS THE RETURN

OF HER FAMILY . . .

The weather was changing as Doña Elena Sánchez cultivated her two acre garden during a bright sunny morning. Most of her daily work had to be done before the orange-red sun would disappear behind the distant palm trees.

All through the long sunny day she would take care of her garden and animals while humming a soft whispering song. For a person of her age, Doña Elena maintained a steady pace as she worked in an energetic manner. From a slight distance it seemed that Doña Elena was very happy and satisfied in giving life to her ideas by having a beautiful garden and healthy animals.

The morning was refreshing, and she sent her granddaughter, Marina, to school. Now in her garden she preoccupied herself with thoughts about the approaching night, about her grandchild, and her son and daughter in the far northern harvests.

Later she fed the chickens their daily meal by throwing corn kernels in all directions so that all the young birds would get a chance to eat. Someday they, too, would be ready to be eaten, while others lay dozens of eggs. As one thought followed another, Doña Elena moved to the edge of a nearby field where large, purple-green pigweeds were growing in a luscious manner.

orilla de la labor cercana, donde quelites grandes de verde morado, estaban creciendo en una manera que daba admiración. Cortó algunas de estas hierbas tiernitas para darle de comer a los marranos. Cuando la gente tenía hambre, aún estos quelites tiernos tendrían un sabor delicioso.

Doña Elena limpió el sudor de su frente con el delantal, comenzó a pensar en su nieta en la escuela. Su niña estaba jovencita, y nomás Dios sabía lo que le estuviera pasando. Tal pensar mortificaba a Doña Elena, y silenciosamente rezaba a Dios, que pudiera estar bien. Después, quizás viendo a la niña salirse del bos de escuela, su ansiedad podría ser revelada. Silenciosamente, encomendando su alma a Dios, rezó que mientras ella durara suspirando, Dios tuviera a toda su familia bajo su cuidado amoroso.

Mientras comenzó a darles de comer a los marranos contentos, la anciana pensó en su hijo mayor. ¡Si solamente pudiera verlo en ese instante! ¿Porqué no había recibido una carta de él por días? ¿Qué estaban haciendo su hijo y su familia? ¿Porqué habían escrito sus nietos cartas tan breves? ¿Se había ido Sarah de la casa de sus padres? ¿Iban a tener dinero para comida y ropa cuando regresaran del norte? ¿Qué cosas nuevas traerían para su casa y para sus amigos? ¿Irían a traer un carro más nuevo o un troque que lo llevaría a la iglesia y a los cines? ¡Si solamente Dios los protegiera de accidentes! Ojalá volvieran en buena salud y buena fe.

Doña Elena rezó constantemente para la seguridad de su familia.

Esperando oír nuevas noticias del norte, Doña Elena anduvo a la casa vecina, la casa de su comadre Doña Ana, una figura delgada vestida en negro y con un rebozo en su cabeza. Cuántas veces habían hablado de sus problemas en una manera en que ambas se los quitaran. Habían sido vecinas por tan largo tiempo que sabían los pensares más íntimos de cada una. En nacimientos, fiestas, juntas de iglesia, trabajo de campo, trabajo de casa, eventos de familia y funerales, estaban presentes y hacían los eventos de la vida una experiencia más agradable.

She cut some of the tender creatures in order to feed her pigs. When the people were hungry, even these pigweeds would taste delicious.

Doña Elena wiped the sweat from her brow with her apron. She began to think about her granddaughter in school. The child was young, and heaven only knew what she was going through. Such a thought mortified Doña Elena, and she silently prayed to God that she would be all right. Later, perhaps, by seeing the child step out of the school bus her anguish would be relieved. Silently she commanded her soul to God and prayed that for as long as she breathed, God would have all her family under His loving care.

As she began to feed the happy pigs the old lady thought about her eldest son. If only she could see him at that instant! Why hadn't she received a letter from him for days? What was her son and family doing? Why had her many grandchildren written such short letters? Had Sarah, her niece, eloped? Would they have money for food and clothing when they returned from the north? What new things would they bring for the house and friends? Would they bring a newer car or truck in which to take them to church? To the movies? If only God will protect them from accidents! May they return in good health and good spirits.

Doña Elena prayed constantly for the safety of her family.

Wanting to hear good tidings from up north, Doña Elena walked to the neighboring house, the home of her comadre, Doña Ana, a short, slender figure dressed in black and wearing a shawl over her head. How many times had they talked about their problems in a manner which brought the fruit of relief to both of them? They had been neighbors for such a long time that they knew the most inner thoughts in each other's minds. In births, festivals, church gatherings, field work, housework, family events, and burials they were present with each other and made the events of life a more comfortable experience.

Doña Elena was human, and in her own manner she ful-

Doña Elena era humana y en su manera, cumplía su necesidad de tener compañía sin decirle a Doña Ana su grande necesidad.

Doña Elena sabía lo que su amiga, Doña Ana, había sufrido cuando su hijo murió y en unas pocas semanas después, su esposo. Su amiga había andado por la vereda estrecha en el monte cercano, por un largo tiempo.

A través de los años, mucha gente también había andado por esa vereda. Para muchos era una vereda maravillosa por sus árboles de mesquite y huisache con nidos de paloma en sus brazos, que daban una sombra buenísima a esos que por allí pasaban durante los días calientes de verano. La vereda había estado allí por un largo tiempo. Las cabañas de tule habían cambiado a madera y ladrillo, y sin embargo la vereda todavía estaba allí.

Doña Elena y Doña Ana tenían mucho que platicar. ¿Cómo amigas tan cercanas, iban a guardarse secretos que la una o la otra no supiera? ¿Cómo estaba Anita después de su intentado suicidio? ¿Porqué Elenita llegó a su casa a las dos de la mañana? ¿Cómo estaba enferma Doña Luz? ¿Cuáles de sus familiares fueron a visitarla al hospital? ¿Se había recuperado Juanito del mal de ojo? ¿Estaba Tomás todavía celoso de su vecino? ¿Había perdido su niño, Diana Weber porque quería? ¿Iba la familia Sánchez a vengar su honor? ¿Qué le había pasado a esa buena mujer, la señora Ortiz? ¿Porqué se salió Consuelo de la escuela para trabajar en las labores?

¡A Dios las Gracias!

Doña Elena regresó a su hogar a recoger los huevos del gallinero y de los nidos que las gallinas habían hecho en el monte. Hacía esto mientras esperaba a su nieta regresar de la escuela. Dios sabrá lo que hacen allá, era todo lo que podía decir por el momento. Ella misma, nunca había atendido a la escuela, y ese pensar la mortificaba porque por esa razón no tenía idea de lo que ocurría en ese lugar extraño.

.   .   .   .

Al mismo tiempo, una caravana de migrantes hacía su viaje hacia el sur. El hijo de Doña Elena tenía solamente un gran

filled her need for company without telling Doña Ana, of her great need.

Doña Elena knew what her friend Doña Ana had been through when her son had died, and a few weeks later her husband. Her friend had walked through the narrow path in the nearby woods for a very long time.

Through the years many people had walked that path. For many it was a wonderful path because the mesquite and huisache trees, dove nests on their branches, would provide friendly shade for those who walked there during the hot summer days. The vereda had been there for a long time. The tule cabins had changed to lumber and brick houses, yet the path was still there.

Doña Elena and Doña Ana had so much to talk about. Their many words formed various subjects during their conversation. How could such close friends keep secrets from each other? How was Anita after her unsuccessful attempt at suicide? Why did Elenita come home at two in the morning? Was Doña Luz sick? Which of her relatives went to visit her at the hospital? Did Juanito ever recover from el mal de ojo? Was Tomás still jealous of his neighbor? Did Diana Weber lose her baby willingly? Was the Sánchez family going to avenge their honor? What ever happened to that nice lady, Señora de Ortiz? Why did Consuelo quit school to work in the fields?

¡A Dios las gracias!

Doña Elena returned home to collect eggs from the chicken coop, and from the nests the chickens had made in the woods. She did this while waiting for her grandchild to return from school. Dios sabrá lo que hacen allá, was all she could say for the moment. She, herself, had never gone to school, and that thought mortified her because for that reason she had no idea about what was taking place in that unknown place.

. . . .

At the same time a Migrant caravan was heading southward. Doña Elena's son had only one desire, to see his parents and his daughter. Questions were crossing his mind: Were they

deseo, ver a sus padres y a su hija. Preguntas constantemente
estaban cruzando su mente: ¿Estaban en buena salud? ¿Hizo el
huracán muchísimos daños a la casa y a los árboles? ¿Estaban
bien los animales? ¿Cómo está Marina? ¿Habían estado enfermos, sin decirle? ¿Cuánta gente se había muerto sin saberlo
ellos y sin poder verlos por última vez? ¿Estaba la cosecha de
este año buena? ¿Cómo estaban los trabajos? ¡Si solamente pudiera él hallar un buen empleo!

Muchas horas de viajar quedaban para llegar a su hogar
rural, antes que el sol apareciera en todo su esplendor.

.   .   .   .

Después que Marina llegó de la escuela, Doña Elena sirvió
una humilde comida. La mujer se sentó con la niña y hablaron.
Discutieron el hecho que no habían recibido una carta en tres
días. Si solamente pudieran oír de los migrantes. Tal vez mañana alguien pudiera traer nuevas de los viajeros.

En las últimas horas de luz del sol, después de la cena, todo
el trabajo de afuera tenía que ser completado, antes que las
horas de descanso llegaran. Además, tenían que esperar a Don
José, el esposo de Doña Elena. Estaba trabajando en las labores
piscando esos ejotes que siempre traía a la casa. Si Don José
tuviera una buena semana, tal vez visitarían amigos y parientes
en el otro lado de la guarda raya, y quizás, ir al pueblo el sábado
para comprar provisiones. Don José era un buen trabajador, y
siempre confiable. La gente contaba con él. En este día sin embargo, Don José no llegó a la casa en su tiempo acostumbrado.

Mucha gente estaba trabajando en las labores de ejote, cerca del Río Grande, muchos padres y sus niños y gente joven,
habían estado trabajando en una labor que recientemente había
sido limpiada de sus mesquites, huisaches y palos blancos. A
mediodía habían comido cerca del río, donde ellos podían
hacer señales y hablar con la gente del otro lado de la frontera.
Los jóvenes de ambos lados, durante este tiempo, cantaban canciones muy hermosas y canciones de amor melodiosas, como
invitándose unos a otros a que cruzaran la barrera de agua. Pero

all right? Did the hurricane do much damage to the house and the trees? Were the animals all right? How was Marina? Had they been sick, without their telling him? How many people had passed away without their knowing, and without their being able to see them for the last time? Was the year's harvest good? How is the job situation? If only he can find a very good job.

Many hours of traveling remained before they would arrive at his farm home just before the sun would appear in all its splendor.

. . . .

After Marina had arrived home from school, Doña Elena served a humble dinner. The old woman sat with the child and they talked. They discussed the fact that they had not received a letter in three days. If only they would hear from the Migrants. Perhaps tomorrow someone would bring news of the travelers.

In the last remaining hours of sunlight after the supper all outside work had to be completed before the hours of rest arrived. In addition, they had to wait for Don José, Doña Elena's husband. He was working in the fields, picking those green beans which he always brought home. If Don José had a good week, perhaps they could visit friends and relatives across the border, and perhaps go to town on Saturday to buy groceries. Don José was a good worker, and he was always very reliable. People could always count on him. On this day, however, Don José did not arrive home at his customary time.

Many people had been working in the bean fields by the Rio Grande. Many parents and their children and young people had been working a field which only recently had been cleared of mesquites, huisaches, and palos blancos. At noon they had eaten their lunch by the river bank where they could signal and talk with the people across the border. Young people, during these times, would sing beautiful and melodious love songs from each side as if inviting each other to cross the water barrier. But

la gente se quedaba en sus propias orillas, debido al miedo de los
rinches y la patrulla de la frontera, los verdes.

En este día el aire había sido muy fresco y favorable. Piscando los ejotes en canastos redondos duraba todo el sagrado
día. Las plantas verdes obscuras, estaban llenas de vitalidad y
cargadas de frutas. La gente hacía todo en su poder para piscar
cuantas libras podían. A veces los muchachos competirían para
impresionar sus novias. Canasta sobre canasta era descargada en
las grandes cajas, en troques que llevarían la fresca cosecha a las
embotadoras. Otro troque se quedaba para llevar a los chicanos
a sus casas. Ese día ocho cajas pesadas habían sido llenadas y al
terminar, los chicanos fatigados dejaron las labores que ahora
estaban obscureciéndose, porque las sombras de la noche se
acercaban.

El único incidente malo que pasó durante el día, había
sido la interrogación a la gente, por los oficiales de inmigración.
Tal interrogación era muy común. La gente esperaba que esos
verdes diablos se aparecieran en cada momento. Ya mucho muy
tarde, sus palabras todavía podían ser oídas en los sentidos de
Don José. ¿Cómo se llama? ¿Dónde están sus papeles? ¿Es
usted mojado? Si nació aquí, ¿porqué no habla inglés? ¿Porqué
no se va para México? ¿Hay gente del otro lado aquí? Usted
comete un crimen si no nos dice donde están. Y oiga usted, no
estamos perdiendo el tiempo. No sabemos que clase de grasoso
usted es, ¡Sólo que no se nos ponga muy sabroso o lo deporta-
remos!

Ellos eran especialmente crueles con los ancianos y no enseñaban ningún respeto a las canas de estos seres inocentes.
Después la gente trataría de olvidar esta injusticia hecha a su
amor propio y al honor de sus familias. Era desconsolable hablar
de tales eventos. Esos pelados desgraciados, ¡que se vayan
mucho a la chingada!

El día de trabajo había terminado, los troqueros comenzaron a levantar la gente para llevarlos a sus hogares. A gente con
criaturas les daban primera atención. Don José esperaba pacien-
temente su turno, que después vino. El había andado tres millas

the people stayed on their own side of the river due to the fear of the rangers and the border patrol, los verdes.

On this day the air had been very favorable, and fresh. Picking the green beans in round baskets was an all day affair. The dark green plants were full of vitality and covered with fruit. The people did all in their power to pick as many pounds as they could. Sometimes boys would compete in order to impress their sweethearts. Basket upon basket was emptied into the huge boxes on trucks which would take the fresh smelling crop to the canning companies. Another truck remained behind to take the Chicanos to their homes. That day, eight heavy boxes had all been filled, and at the end of the day the weary Chicanos left the field which was now being obscured by the approaching shadows of the night.

The only bad incident during the day had been the interrogation of the people by the border patrol. Such interrogations were fairly common. The people expected those green devils to appear at any moment. Late in the afternoon their words would still ring in Don José's ears: ¿Como se llama? ¿Dónde están sus papeles? ¿You mojado? ¿Si nació aquí, porqué no habla inglés? ¿Porqué no se va para México? ¿Hay gente del otro lado aquí? Usted comete un crimen si no nos dice donde están. And, Hey you, we are not wasting your time. We don't know what kind of Greaser you are, and don't get smart or we'll deport you.

They were especially cruel to the old people, and they showed no respect for people with gray hair. Later, the people would try to forget about this injury done to their pride and their family honor. It was painful to talk about such events. Esos pelados desgraciados, que vayan mucho a la chingada.

The day's work over, the truck drivers began to pick up the people to take them to their homes. People with children were given first preference. Don José patiently waited for his turn which came later. Actually, he walked three miles before he got a lift, and he walked another half mile before he finally reached his home where Doña Elena and Marina were waiting

Piscando los ejotes en canastos redondos. . . .

Picking the green beens in round baskets. . . .

antes que lo levantaran y anduvo otra milla y media antes que finalmente llegara a su casa, donde Doña Elena y Marina lo estaban esperando muy apuradas. Todos se sentaron en la mesa y Don José les platicó de su día del cuento y del chisme.

Anocheció y la brisa del golfo comenzó su viaje largo a través de los llanos del valle del Río Grande. El cielo azul obscuro estaba lleno de estrellas cristalinas, mientras allá abajo en el plan terrenal, los murmullos de hombres y animales llenaban el aire.

La canción triste y melancólica de las palomas blancas se reunían con la alegre amorosa de la chicharra. Ocasionalmente los marranos estorbarían la quietud de la noche. El aleteo de las gallinas periódicamente despertaba a las otras aves que pronto cerrarían sus párpados, mientras dormían en los brazos de los árboles. Los sonidos familiares de la chachalaca descansando en los huisaches, y del chico llamando a su hembra, le recordaban a las tres personas en la casita de las bonitas canciones, que el padre de Marina cantaba durante muchas noches pacíficas.

Pronto las luces se apagarían y solamente la luna permanecería para ser testigo de los eventos terrenales. En esta noche, sin embargo, Doña Elena despertó y vió luces que brillantemente iluminaban la pared de su cuarto de dormir. Instantáneamente, sabía que su hijo e hija habían regresado a sus hogares, después del largo ciclo migratorio. Comenzó a despertar a Don José con las noticias sabrosas.

Levántate, José. Levántate. ¡Ya llegaron nuestros hijos! ¡Bendito sea el nombre de Dios!

and worried. All sat down at the table and Don José told them about his day, el cuento y el chisme.

The sun set and the gulf breeze began its long journey across the flatlands of the Rio Grande Valley. The dark blue sky was filled with crystaline stars, while down on earth the sounds of man and beast filled the air.

The sad, mournful song of the paloma blanca now blended with the happy love song of the Chicharra. Occasionally the pigs disturbed the quietness of the night. The flapping of the chicken's wings periodically awakened other birds which soon again closed their eyelids as they slept in the tree branches. The familiar sounds of the chachalaca resting on the huisaches, and the chico calling its mate, reminded the three people in the little house of the lovely songs which Marina's father would sing during many a peaceful night.

Soon the lights were turned off, and only the moon was left to witness events on earth. On this night, however, Doña Elena awoke to see the bright yellow lights of a vehicle as it flashed and illuminated her bedroom wall. Instantly she knew that her son and daughter had come home from their Migrant Cycle. She began to awaken Don José with the tasty news.

Levantate, José. Get up! Get up! ¡Ya llegaron nuestros hijos! Our children are home! ¡Bendito sea el Nombre de Dios! Thanks be to God!

UN MIGRANTE REGRESA

AL VALLE DEL RIO GRANDE

—EL HOGAR DE SUS ANTEPASADOS . . .

El tiempo del sur había sido extraño ese año y había hecho un gran perjuicio a los pobres migrantes. Por tres días seguidos heló en el área semi-tropical de Tejas del sur. Los resultados fueron catastróficos para los pobres que ganaban la vida cosechando legumbres y frutas. Los vientos norteños, salvajes, habían traído la muerte a la flora y la fauna con bastante hambre a los migrantes. Llegó el tiempo en que el hambre reinaba en la tierra de plenitud.

Juan Torres llegó de visita a su hogar desde las tierras norteñas. Al saber las tristes noticias de la helada, investigó el daño. Los árboles de naranja habían sido grandemente dañados. Alrededor podía ver las labores enteras de legumbres que estaban arruinadas. Esto quería decir que las multitudes pasarían hambre. También quería decir que muchas familias se separarían y que iba haber más migraciones. En su mente podía ver cientos de hombres, mujeres y niños yéndose para California y Florida a buscar empleo y comida. Llevaría tiempo para sembrar otra cosecha. Mientras tanto, tenían que seguir viviendo.

Muchas preguntas cruzaban la mente de Juan, mientras andaba a través de los bosques quietos en las orillas del Río Grande. ¿Cuántas criaturas con hambre irían ahora a la escuela cada mañana y quedarían de esta manera todo el día? ¿Cuántos

A MIGRANT RETURNS

TO THE RIO GRANDE VALLEY

—HIS ANCESTRAL HOME . . .

The southern weather had been strange that year, and it had taken its toll from many a poor Migrant. It had frozen for three straight days in semi-tropical south Texas. The results had been catastrophic to the poor who earned their living from harvesting the fruits and vegetables. Now the savage northern winds had brought death to the flora, fauna, and much hunger to the Migrants. The time came when hunger reigned in the land of plenty.

Juan Torres arrived home for a visit from the northern lands. Upon learning the sad news of the freeze, he investigated the damage. The citrus trees were heavily damaged. All around he could see entire vegetable fields ruined. This meant more hunger for the multitude. It also meant the breaking up of countless families, and more migrations. In his mind he could see hundreds of men, women, and children leaving for California and Florida, looking for work, looking for food. It would take time to plant another harvest. Meanwhile, the living had to survive.

Many questions crossed Juan's mind as he walked through the still woods at the edge of the Rio Grande. How many children would now go to school hungry each morning? They

compartirían su almuerzo o lo poquito que llevarían? ¿Cuántos pondrían atención o tendrían urgencia de aprender? ¿Cuáles de sus maestros blancos sabrían de la experiencia infernal que estos niños estaban pasando? ¿Cuáles de los problemas diarios y ordinarios se harían peor por su presente predicamento?

Juan recordó su último año en la escuela. Esa primavera el Sr. Overland, su principal, había llamado a una asamblea. Tres cuartos de los estudiantes eran chicanos. El principal les dió un discurso diciéndoles que se quedaran en la escuela hasta que se acabara el año escolar. ¡Si acaso fuera posible!

El Sr. John Overland les dijo que podría haber sido mucho mejor permanecer en la escuela en lugar de estar en las labores de maíz de Kansas con la temperatura de de cien grados y con el polen de maíz asentándose en sus ropas y cuerpos. Entonces el principal de la escuela, en frente de todo el mundo, procedió severamente a criticar a los padres de los chicanitos por llevárselos de la escuela. Dijo que creía que tales padres eran irresponsables y que contribuían a los problemas sociales de la comunidad. Habló así por una hora. Para cuando se acabó ese tiempo, los estudiantes chicanos humillados estaban más que listos para irse afuera de la vecindad escolar.

Mientras, el sentir y el amor propio de los blancos habían recibido un gran levantamiento. Las palabras crueles del principal habían revelado su insensibilidad con los pobres jóvenes morenos que estaban indefensos.

Estaba visto quienes eran los que hacían posible que las grandes hordas .e gente hambrienta de México cruzaran la frontera, que bajaran los sueldos de trabajo y forzaran los pobres del área a que se fueran para las tierras norteñas. Estaba visto quien controlaba las oficinas de ley, los odiados oficiales verdes, y también quién decidía lo que se enseñaba en las escuelas.

Eran sentimientos como los del Sr. Overland contra los jóvenes morenos, los que causaban que muchos estudiantes ya no desearan permanecer en la escuela. ¿Cómo podría ser que tal persona ocupara una posición tan importante como esa y se deleitara en humillar a los jóvenes adolescentes que estaban en

would remain like that all day. How many would share whatever lunch they had? How many would be attentive at all, or
have the urge to learn? Which of their White teachers knew of
the hell the children were going through? And which of the children's ordinary everyday problems were made worse by their
present predicament?

Juan remembered his last year at school. That Spring, Mr.
Overland, the principal, had called an assembly. Three-quarters
of the student body was Chicano. The principal had lectured
them about staying in school until the end of the school year. If
only that would have been possible!

Mr. John Overland told them that it would have been better to be in school instead of in the corn fields of Kansas with
one-hundred degree heat, and with corn pollen landing on their
clothes and bodies. Then the school principal, in front of every-
body, proceeded to severely criticize their parents for removing
them from school. He said that he believed Chicano parents
were irresponsible and contributors to the social problems of
their communities. He talked like that for an hour. By the end
of that time, the humiliated Chicano students were more than
ready to get out of the school grounds.

Meanwhile, the White students' feelings and pride had been
given a big boost. The principal's cruel words had revealed his
insensitivity toward the defenseless Brown youngsters.

It was clear who it was that made it possible for the hungry hordes of people from Mexico to cross the border, lower
wages, and force the local poor to go north. It was clear who
controlled the law enforcement offices, the hated verdes, and
who decided what to teach in the schools.

It was Mr. Overland's feelings toward the Brown youngsters that caused so many to no longer want to stay in school.
How could such an individual occupy such an important position, and delight himself in humiliating the young who were in
the process of growing up? It was San Jacinto again, and again,
only this time the victims were the children.

Juan Torres remembered all this. He remembered how

proceso de desarrollo? Era San Jacinto otra vez y otra vez, nomás que esta vez las víctimas eran criaturas.

Juan Torres recordó todo esto. Recordaba cuantas veces había declamado el preámbulo de la constitución y citado los nombres de gente que había hablado de libertad. Juan decidió hacer su parte en aprender, aunque allí en el salón de la clase, la idea de libertad y justicia para todos ya se había manchado.

El chicano era un extranjero en su propia tierra. En muchos casos se sentía como un idiota cuando declamaba tan grandes ideales en la clase, especialmente cuando sabía que los estudiantes blancos podían repetir lo que el principal había dicho.

Juan se sentó por un momento en la orilla de un pequeño piélago, formado por la creciente última. Había tantas necesidades en las mentes de la gente, que muchas de las bellezas naturales permanecían sin ser vistas.

¿Porqué continuaban condiciones tan desgraciadas? ¿Porqué no se establecería un mejor sistema educacional? Tal vez se podría hallar una mejor manera de resolver los problemas económicos de la comunidad, que eran la razón de que la gente desconfiara, odiara y lastimara a otros, hallando su justificación en la posición económica superior.

Ese año, cuando Juan dejó la escuela para nunca volver, se fué a unir con la gran corriente migratoria. Cuando las cosechas habían sido levantadas, tenían que esperar un tiempo para que otra cosecha estuviera lista. Hasta que esto ocurriera, la gente tenía que vivir de alguna manera. Los maestros de Juan se quedaban en su lado del pueblo y no sabían nada de lo que le pasaba a la gente. Los pocos maestros chicanos eran nomás para que hicieran bulto.

Le parecía a Juan que así como los vientos llevaban los murmullos de la humanidad, el tiempo vendría cuando los resentimientos de la gente se reventarían en sus mentes con la fuerza de las semillas que brotan en la tierra.

Mientras, la vida silvestre del Río Grande había tenido su parte de problemas para sobrevivir. Ahora, muchas aves norteñas que habían emigrado a Texas para pasar el invierno, serían

many times he had recited the Preamble of the Constitution, and to recite the names of people who had spoken of liberty. Juan decided to do his part in learning, but even then, in the classrooms, the idea of liberty and justice for all was already tarnished.

The Chicano was a foreigner in his own land. In many cases he felt like an idiot when reciting such great ideals in class, especially when they knew that the White students would repeat what the principal had said.

Juan now sat at the edge of a small lagoon which had been formed by a recent flood. There were so many needs in the people's minds that much of nature's beauty remained unnoticed.

Why were such wretched conditions perpetuated? Why wasn't a better educational system established? Maybe there could be found a better approach to the economic problems of a community. And why do people distrust, hate, and hurt others, finding their justification in their economic position?

That eventful year, when Juan had left school not to return, he had joined the Migrant stream. When the crops had been harvested, there was more waiting to be done until another crop matured. Until that happened, the people had to make ends meet somehow. Juan's teachers, who stayed on their own side of town, knew nothing about the people. And the few Chicano teachers were ineffective tokens.

It seemed to Juan that, as the winds carry the sounds of mankind, a time would come when the accumulated resentments of the people would burst forth from their minds, like the force of seeds sprouting from the earth.

Meanwhile, the wildlife of the Rio Grande area also had its share of problems of survival. Now, the many northern birds that migrated to Texas for the winter would be hunted by workers who were also trying to stay alive.

At that moment, white herons were resting on a log on the surface of the lagoon. White doves, sparrows, and other fowl joined together in a constant melody. The large gator garp also

Juan se sentó por un momento en la orilla de una pequeño piélago. . . .

Juan now sat at the edge of a small lagoon. . . .

cazadas por los trabajadores que también querían permanecer viviendo.

Grandes garzas blancas descansaban en el tronco de un árbol, en la superficie del piélago. Palomas blancas, gorriones y otros pájaros cantaban juntos una melodía constante. Un gran catán también enseñaba su presencia, mientras penetraba las aguas profundas, siguiendo otros peces que pronto serían su comida.

El continuo aumento de hombres blancos, pronto desalojaría estos animales de sus hogares de muchas centurias.

El sol estaba resplandeciendo en el horizonte a través del escenario tropical. Juan se marchaba para su casa, después de una breve excursión en el bosque cercano a su hogar ancestral.

Este lugar lo fascinaba. Otras veces lo dejaba perplejo. ¿Tenía miedo a morirse en una tierra desconocida? ¿Porqué esa pena hacía que un frío corriera a través de su cuerpo? ¿Cómo podía disminuir el miedo y la ignorancia para tener un mejor mañana?

Esa noche Juan fué a un bosque cerca, donde los migrantes estaban sentados alrededor de una lumbre. Fué a escuchar. En otros tiempos como éste, le habían dicho del mundo extraño, de afuera. Cuántas de estas pequeñas lumbres estaban encendidas a la misma vez a través del valle? ¿Cuántos jóvenes habían tomado parte en esas juntas para después irse a las tierras norteñas y a los fines del mundo?

Todos escuchaban los consejos de los ancianos. Al mismo tiempo nuevas ideas eran introducidas por los jóvenes. De esta manera, las tradiciones eran modificadas y la sabiduría del grupo se aumentaba.

A través de las horas de la noche se compartían historias y noticias. En estos grupos la gente decía sus puntos de vista y muchos modificaban lo que mantenían en temas que los estaban enfrentando. Tal vez para muchos de ellos, un sentimiento de unidad se desarrollaba debido a los problemas comunes que se podrían resolver por esfuerzo cooperativo. O tal vez la adversidad era tanta que nomás simplemente hablando hallarían alguna seguridad interior respaldándose unos a otros.

showed its presence as it dove to the depths of the water, chasing smaller game.

The continuing increase of White men would soon displace these creatures from their home of centuries.

The setting sun was shining through the tropical scenery. Juan walked home after his brief excursion into the woods near his ancestral birthplace.

This place fascinated him. Other times it perplexed him. Was he afraid to die in an unknown land? Why did such a thought run a chill throughout his body? And how could fear and ignorance be lessened in order to have a better tomorrow?

That night Juan went to the nearby woods where Migrants sat around a fire. He went to listen. It was during other times like this that he had been told about the strange outside world. How many of these small bonfires were burning at the same time throughout the valley? And how many youths had taken part in such meetings, then left for the northern lands and to the ends of the earth?

Everyone listened to the counsel of the old ones. At the same time, new ideas were being introduced by the young. In this way, traditions were modified, and the cumulative awareness of the groups would grow.

Throughout the night hours, stories and news were exchanged. Here, in this evening sounding board, the people aired their views and many modified their individual stand on many issues facing them. Perhaps for many of them a feeling of closeness developed due to their common problems which could only be solved by cooperative efforts. Or, maybe the odds were such that just by simply talking they would find some relief in a feeling of moral support shared by everyone.

The Migrants wanted to achieve greater heights. To protect one's goods would not be enough in a shrinking world in which people lived close together. As neighbors, they had to know each other and work in a friendly atmosphere. A cooperative venture could ameliorate the needs not only of the Chicanos, but of their immediate neighbors as well, the Orientals, the Whites, the Blacks, and the Breeds.

Los migrantes querían alcanzar alturas más grandes. Protegiendo los bienes, no sería suficiente. La gente vivía cada vez más cerca. Como vecinos tenían que conocerse uno a otro y trabajar en un ambiente cordial. Una ventura cooperativa podía mejorar las necesidades no solamente nomás para los chicanos, sino también a sus vecinos inmediatos como los orientales, los blancos, los negros y los mediados.

Esa noche Juan contribuyó a las muchas ideas discutidas. Sentía que todo lo que una persona tiene, debe ser compartido con sus vecinos, especialmente en tiempos de gran necesidad. Mientras la situación permaneciera igual, cambios tendrían que hacerse para que se sentieran mejor.

That night Juan contributed to the many topics being discussed. He felt that anything a person had should be shared with his neighbors, especially in times of great need. As long as the situation remained the same, changes would need to be made if they were to feel at ease.

UNA TORMENTA

EN EL SUR DE TEXAS . . .

El amanecer encontró a Aurora trabajando en las labores de zanahorias, en el sur de Texas. Como muchos otros cientos de gente, había sido levantada muy temprano esa mañana por los troqueros, quienes los llevarían a diferentes labores a través del Río Grande. El área entera estaba siendo constantemente limpiada de su verdura natural, para hacer lugar a las muchas cosechas levantadas por el diario mar de gente morena.

A través del día bochornoso, Aurora pasaba las horas trabajando por unos cuantos dólares. Pensaba en cambios. Su gente continuaba sudando todo el día en los ferrocarriles, labores, fábricas de empaque, degüellos, pero lo que más la hacía enojar, era que no eran dueños de su propia tierra, la que pisaban cada día. Con los pocos pesos que ganaban no tenían la manera de seguir adelante. Mientras, más toneladas de zanahorias tenían que ser levantadas.

La mañana se terminó y la actividad aumentaba. Canasta sobre canasta de zanahorias anaranjadas eran puestas en grandes cajas del camión. Tantas tenían que ser levantadas y el pago estaba tan bajo; pero el pan diario tenía que ganarse. La gran labor verde y anaranjada estaba repleta de gente tratando de hacer el mayor trabajo posible. Andaban siempre buscando las

A STORM IN SOUTH TEXAS . . .

Morning found Aurora working in the carrot fields of south Texas. Like so many other hundreds of people, she had been picked up early that morning by the many crew leaders who took them to different fields throughout the Rio Grande Valley. The entire area was constantly being stripped of its natural greenery in order to make room for the many different crops harvested by this daily sea of brown-skinned people.

All during the sultry day Aurora spent the hours working for a few dollars. She thought of change. Her people were sweating all day in the railroads, fields, packing plants, slaughter houses, but what irritated her most was that they did not own the land they walked on each day. With the few dollars earned they would not have a chance to advance. Meanwhile, more tons of carrots had to be harvested.

The morning drew to a close, and the activity increased. Basket after basket of orange carrots were dumped into truck boxes. So many of the orange creatures had to be harvested, and wages were so low. But the daily bread had to be earned. The large green and orange field was full of individuals trying to get as much work done as possible. They were forever looking for the best sections. The hum of the distant highway could be

mejores secciones. El murmullo de la distante carretera se podía escuchar y el olor del granaje cercano podría desalentar a otros individuos para salirse del área lo más pronto posible.

Aurora traía su hija de cinco años con ella, y a través del día seco y caliente, la criatura seguía los pasos de su madre y le ayudaba. La niña, Inocencia, había nacido en una aldea rural, cerca de la frontera.

Parándose a comer y descansar por unos momentos, Aurora cuidadosamente observó el área y miró a su niña sentada bajo el sol caliente; sintió un gran desaliento, un dolor que la hizo reflexionar sobre ser madre. Todo lo que sabía de su gente era que a través de los largos años, muchos chicanos habían nacido para vivir y trabajar en la pobreza.

Quería ayudar a sus hijos, darles dirección, motivación y estímulo. Una vez, había tenido muchas ideas y una se materializó, su hija. Ahora Inocencia estaba en el proceso de aprender y su inocencia natural pronto se terminaría. Aurora amaba su niña.

El día caliente estaba en su apogeo, y el aire despaciosamente se transformó en una brisa muy necesitada, anunciando lloviznas que se acercaban. El aire penetrante bañó el área completamente, dando a la verdura la asistencia que necesitaba por lo bochornoso del tiempo. Pronto el agua fresca del cielo se hundiría dentro de la tierra seca y quebrada, para dar más vida. Los árboles también iban a ser acariciados por el aire y el agua, como un niño abraza a su madre cuando lo trae en sus brazos.

La tormenta se acercaba. Aurora sintió la brisa penetrar su cuerpo sudoroso y moreno. Oyendo los truenos distantes se sintió bien y casi se le olvidaron las muchas cuentas que tenía que pagar.

Mientras el horizonte se volvía más obscuro, la gente tuvo que buscar refugio bajo los troques. ¿Cuántas otras veces habían hecho lo mismo? Pronto el área se varía blanca por la lluvia. Era un alivio para el calor, y esto permitió a la multitud que olvidara sus apuros por un breve tiempo.

La vida silvestre reaccionó como siempre. La paloma

heard, and the odor of the nearby sewer would probably discourage other individuals, and to leave the area as soon as possible.

Aurora had her five-year-old daughter with her, and all through the hot and dry day the child followed her mother's footsteps and would help. The child, Inocencia, had been born in their farm-village near the border.

Stopping to eat and rest for a few moments, Aurora scanned the area and looked at her child sitting under the hot sun. She felt great despair, a pain which made her reflect upon her being a mother. All that she knew about her people was that throughout the long years so many Chicanos had been born to live and work and pass out of the scene still in poverty.

She wanted to help her offspring, give her guidance, motivation and encouragement. Once, she had had so many ideas, and one of them materialized, her daughter. Now Inocencia was in the process of learning and her natural innocence would cease. Aurora loved her little daughter.

The hot day was at its zenith, and the air slowly changed into a much needed breeze announcing approaching showers. The penetrating wind bathed the area completely, giving the greenery much needed relief from the sultriness. Soon the cool water from heaven would sink into the dry cracked earth to give life again. The trees would also be caressed by the wind, and the nourishing water, while their roots held the earth in a tight grasp like a child holding tight to its mother.

The storm approached. Aurora felt the breeze penetrate her brown, sweaty body. Hearing the distant thunder made her happy, almost forgetting the many bills she had to pay.

As the horizon became dark the people had to seek shelter under their trucks. How many times had the people done this? Soon the entire area was whitened by the rain. It was a relief from the heat and it made people forget their worries for a little while.

The wildlife reacted as it had always done. The white-winged dove sang their sorrowful song at a faster beat. Other

blanca cantaba su triste melodía más fuerte y más rápido. Otras aves añadían sus tonos y los jóvenes chicanos imitaban. Pronto los grillos y ranas agregaban sus murmullos y gritos contentos.

Mientras, los chicanos bajo los camiones, compartían sus problemas con los amigos y parientes que estaban cerca. No había más que hacer.

Aurora pensaba que las ideas debían ser más positivas, nuevas y frescas como el aire. Había escuchado esas ideas por tanto tiempo, que parecía que la gente había sido influenciada por la migaja de su pequeño mundo.

La lluvia continuó arrojándose hacia la tierra. Llenó los surcos con un agua soquetosa, que se iba moviendo a las orillas de la labor, llevándose todos los palitos y animalitos con ella. La lluvia no terminó, no había ninguna esperanza para que los chicanos siguieran trabajando.

En su viaje a casa, Aurora pensó en lo que tenía que hacer. Una manera de salir de su predicamento era mudarse del área. Tal vez un nuevo escenario ayudaría a su hija a crecer y vivir mejor. Tenía que mudarse a un área donde ella pudiera desarrollarse. El esfuerzo tenía que hacerse. En la primavera próxima se iría en un viaje a las labores norteñas, como mucha otra gente. Pero esta vez ella sería parte del movimiento para mudarse a las ciudades del medio oeste.

birds added their tunes which the Chicano youth imitated. Soon the crickets and frogs would add their happy whispers and croaks.

Meanwhile, the Chicanos under the trucks shared their problems with close friends and relations. There was nothing else to do.

Aurora wished the topics were more positive, to be as fresh as the wind. She had listened to such topics for so long, it seemed that the people had been influenced by the meagerness of their little world.

The rain continued to pour into the earth. It filled the rows with muddy water. The water in the rows was moving toward the ends of the field, carrying all the twigs and little creatures along. The rain did not stop. There was no hope for the Chicanos to resume their work.

On their way home Aurora thought about what she had to do. One way out of her predicament was to move out of the area. Perhaps in a new setting her child could grow and thrive. She had to move to an area where she could learn. The effort had to be made. In Spring she would be on her way to the northern fields again, like so many other people. Only this time she would join the movement to the midwestern cities.

LAS PALABRAS DE UN PADRE

SON RECORDADAS . . .

Mis padres me dijeron muchas buenas palabras y pensares desde que comenzaron a comunicarse conmigo. Sentí que en ese ambiente favorable y de buenas intenciones, tuve un comienzo positivo. Había sido muy fácil para mí aprender la lengua de mi hogar. Así, y observando mi ambiente inmediato, noté que había muchos que eran menos afortunados en aprender su herencia cultural.

En mis días escolares los niños estaban siendo empapados en otra lengua, usada por otra gente que no tenía suficiente comprensión para enseñarles efectivamente. Muchos otros pasaban a través de una experiencia agonizante, pues constantemente les decían en la escuela que su idioma no era aceptable. Lo que antes habían pensado como beneficioso, ahora era titulado como inferior a lo que estaban aprendiendo y dañino. En estas circunstancias de tanta presión, los niños quedaban sin medios de comunicación.

Ojalá se hubieran sentido más en paz en la escuela para aprender sin dolor y agonía, pero en ese ambiente el sufrir continuaba reinando. Era raro si un día uno no oyera a una maestra decir: "Don't speak Spanish. If you do, you will be punished."

Estas palabras todavía resuenan en mis oídos después de tantos años, pero siento ahora que mis experiencias pasadas me

150

A FATHER'S WORDS ARE REMEMBERED . . .

My parents told me many kind words and thoughts, ever since they started to communicate with me. I felt that under such a well-meaning and favorable environment I had a positive start. It had been very easy for me to learn my ancestral tongue under those conditions, and by observing my immediate environment I noticed that there were many who were less fortunate in learning about their own heritage.

In my school days these individuals were being exposed to another tongue used by other people who did not have a very good understanding in order to effectively teach. Countless others sometimes went through an agonizing experience since they were constantly told at school that their language was not acceptable. What they had once thought was beneficial now was labeled inferior and detrimental to their learning process. Under those pressing circumstances, children were left without a means to communicate.

If only those children would have felt secure enough in school to learn without pain, but under such an environment suffering continued to reign. It was a rare day indeed if, in those days, I didn't hear a teacher say, "Don't speak Spanish. If you do, you will be punished!"

dan un entendimiento mejor de los niños de ambiente bilingüe y bicultural.

La herencia de nuestros antepasados debe ser perpetuada, y el idioma es un buen medio para enseñar la cultura de un pueblo. Un niño chicano por ejemplo, escucha historias maravillosas en su propia lengua. Aprende lecciones de comportamiento, antes de oír de Jack y Jill.

Aprender cultura en la escuela debe ser parte del plan de estudio de cualquier institución. Estas palabras bonitas, dulces y sonoras, de la naturaleza y el amor que un chicano escucha de sus padres, están en un contraste extremoso con la experiencia escolar que muchos niños han tenido.

Ahora que mi juventud es una cosa del pasado, me siento muy bien cuando recuerdo las palabras de mi padre tocante a las tierras de sus antepasados que amaba y cuidaba tanto bajo el caliente sol tejano.

Muchas palabras y nombres de mis maestros se me han olvidado, el tiempo que gasté con ellos, no fue tan dulce como para recordarlos. Mientras tanto los padres decían a los niños que permanecieran en la escuela, con palabras buenas y llenas de incentivo.

Mi padre decía que había bastante tierra para todos los hijos de Dios. ¿No daba el sol su luz a toda la gente? ¿No había suficiente aire para que todo el mundo resollara? ¿No había bastante agua para que todo el mundo bebiera? ¿Qué necesidad de ser avaro? La tierra le da vida a un árbol con ayuda del sol y las frutas son para nutrimento del hombre. La naturaleza podía compartir su inmensa cosecha con la humanidad.

A través de estos años he recordado muchas palabras de mi padre, tocante a Dios, la naturaleza y especialmente la humanidad. Soy solamente uno en una larga serie de individuos y de alguna manera trato de imaginarme como los padres de mi papá y antes de ellos, mis bisabuelos, podrían explicar sus tradiciones a los hijos en su propia lengua. Ocasionalmente veo esto en diarios escritos y libros que milagrosamente nos han llegado a las manos. Entonces, las palabras de gente muy lejana, todavía

Those words still ring in my ears, after so many years. But now I feel that my past experiences give me a better understanding of bilingual and bicultural children.

The heritage of one's ancestors should be perpetuated, and language is a good means to teach a people's culture. A Chicano child, for example, hears many wonderful stories in his own language. He learns serious lessons about behavior before hearing about Jack and Jill.

Learning culture in school should be a part of a school's curriculum. Those wonderful, sweet and sonorous words about nature and love which a Chicano child hears from his parents are in sharp contrast to the school experience so many children have had.

Now that my youth is a thing of the past, I feel wonderful when I remember my father's words about his ancestral lands which he loved dearly and cared for under the hot Texas sun.

Many of the words and names of my teachers I have forgotten since the time spent with them is not that sweet to remember. Still, the children were encouraged to remain in school by the kind and encouraging words of their parents.

My father would say that there was plenty of land for all the children of God. Didn't the sun give light to all the people? Wasn't there enough air for all to breathe? Wasn't there water for all to drink? There was no need to be greedy. The earth gives life to a tree, with the help of the sun, and the fruits from the tree are for nourishment. Nature could share its immense bounty with humanity.

Throughout these years I have remembered my father's many kind words about God, nature, and especially about mankind. I am but one in a long series of individuals, and, in a way, I try to imagine how my father's father and before would explain their traditions to their children in their own Spanish language. Occasionally I see this in written diaries and books which have miraculously reached us. Then the words from far away and long departed people can still be "heard." And when there is a different sound, or an old idea seen differently, or a wiser

Mi padre decía que había bastante tierra para todos los hijos de Dios. ¿No daba el sol su luz a toda la gente?

My father would say that there was plenty of land for all the children of God. Didn't the sun give light to all the people?

pueden ser escuchadas; cuando hay un sonido diferente o una idea vieja vista nuevamente, pensamos en su existencia y respetamos lo que indicaba para ellos. Pensamos en lo que nosotros como individuos podemos hacer para nuestros hijos, y para que todo el mundo pueda compartir la luz del sol tanto como las ideas buenas que han dejado como herencia, nuestros antepasados.

insight, we think about and respect what life meant for them, and what we as individuals with our own children should do in order to make this world God has given us a better place to live, so that everyone can share the sun's light as well as the good ideas left behind by our ancestors.

VIDA Y PENSAR DE DON JESUS MARIA JOSE

DURANTE SU ULTIMO DIA EN ESTE MUNDO . . .

Sacando una cubeta llena de agua fría y cristalina de la noria, un hombre anciano comenzó a pensar profundamente en su vida fructífera. Viviendo en un área agreste, el viejo hombre había hecho una noria muy muy honda, para poder tocar una corriente de agua subterránea. El agua había estado allí por un larguísimo tiempo, pero su secreto guardado lo había descubierto don Jesús María José Cortez. Acompañado por su viejo perro fiel y mientras tomaba el agua que tanto necesitaba, don Cortez observó sus alrededores que parecían cambiar constantemente.

Esa mañana de primavera, el color anaranjado rojo obscuro del cielo pronosticaba la venida de un día largo y caliente. Como una sombra que retrocede, la noche dió la pasada a un océano de luz que pronto comenzó a penetrar a través de árboles grandes, redondos. Don Cortez olió la tierra cultivada, suave y húmeda, lista para recibir la luz del sol. Hacía un día que durante el amanecer, un aire fresco lleno de murmullos, había traído tormentas de relámpagos que bañaron la tierra preparándola para dar su fruto bajo la luz del sol.

La madre tierra durmiente, despertada por el viento, la lluvia y el sol, pronto daría bienestar a todas sus criaturas; y tal vez lo que agradecería mejor sería que sus criaturas se portaran propiamente, cada quien a la manera de la naturaleza.

THE LIFE AND THOUGHT

OF DON JESUS-MARIA-JOSE

DURING HIS LAST DAY ON EARTH . . .

Drawing a bucketful of clear, cool water from a well an old man began to reflect on his fruitful life. Living in a dry area, the old man had dug a deep well and tapped an underground stream. The water had been there for a very long time, but its long kept secret had been discovered by Don Jesús-María-José Cortez. Accompanied by his old faithful dog, and taking a much needed drink of water, Don Cortez looked at his surroundings which seemed to be constantly changing.

That Spring morning the orange, dark-red color of the sky foretold the coming of a long, hot day. Like a receding black shadow, night gave way to an ocean of light which soon began to pierce through the big round trees. Don Cortez smelled the cultivated, soft, humid earth which appeared ready to receive the heavenly treasure of the sun. Just the day before, at dawn, a whispering fresh air had brought thunderstorm clouds which bathed the earth, preparing her to bear fruit under the sunlight.

The sleeping mother earth, aroused by the wind, the rain, and the sun would soon provide a good environment for the survival of all her creatures. Perhaps what would please her the most would be that her children would behave properly, each according to his or her nature.

After cultivating his garden, Don Cortez began to plant

Después de cultivar su jardín Don Cortez comenzó a plantar semillas de legumbres. Las semillas cerradas, que ahora descansaban, pronto nacerían. Un gallo parado en el brazo de un árbol, le recordaba al anciano la hora del día. Sus actividades aumentaban más rápidamente.

En la primavera de su vida, Don Cortez había sido un joven robusto que había comenzado a viajar en el camino de la vida. Si acaso hubiera sabido lo que en el presente sabía, podría haber disfrutado aún más de la vida y en una mejor manera. Sin embargo estaba contento de haber vivido aprendiendo a armonizar con su ambiente.

Cuando era niño, siendo físicamente débil de aguera como las cabras y, teniendo características cabezudas, la naturaleza del joven fue canalizada en la dirección correcta por los padres. Vivían en un rancho que don Cortez dejó cuando era joven, para irse sin rumbo como las hojas llevadas por el viento y leer lo que pudiera conseguir. Sus lecturas servían como un puente para cruzar a otras fronteras nuevas.

En este tiempo las cosas más importantes para él eran su apariencia física y las colecciones de objetos agradables para su vista. Ahora estos objetos estaban con él, pero fuera de su ser. Sus fisonomías agradables por un tiempo, ya se habían retirado para siempre. Lo que el tiempo tenía ahora para él, eran dolores y ansiedades.

Mientras continuaba plantando semillas, una vaca dócil le llamaba y le recordaba que tenía hambre. Pronto, él también comería alimento preparado por su esposa.

Don Cortez había vivido muchos veranos fructíferos, había visto muchos soles y lunas alternar. El tiempo le permitió levantar las cosechas, mantener animales y tener tres hijos y tres hijas. Usaba energía de hombre y animal, para que el sudor de ambos pudiera dar sostenimiento a todos. Toda su vida, Don Cortez había tratado de vivir en armonía con sus vecinos.

Después de comer livianamente, don Cortez regresó a cultivar su jardín y a pensar de las muchas cosechas de otoño que le habían traído tanta felicidad. ¿Cuántas veces había comenzado

vegetable seeds. The closed seeds, now at rest, would soon germinate. The rooster standing on a tree branch reminded the old man of the time of day, and he moved faster.

In the Springtime of his life, Don Cortez had been a robust young man who had begun to travel the long path of his life. If he had only known what he knew presently, he would have enjoyed life's many situations in a better way. Still, he was happy to have lived a long and fruitful life, constantly learning to live harmoniously with his environment.

As a child, being physically weak outside, like a goat and having its stubborn characteristics, the youth's nature was molded and channeled into the right direction by his loving parents. They lived on a ranch which Don Cortez left as a young man to work in the open air, to drift like the leaves in windy weather, and to read what he could obtain. His reading served as a bridge to cross into newer frontiers.

Most of the time the most important things to him were his worldly physical looks and the collections of objects of all kinds because they were pleasing to his sight. Now those objects were still with him, but outside of him. And his good looks were gone forever. In store for him now were pains and aches.

As he continued to plant seeds, a gentle cow called him and reminded him that she was hungry. Soon he, too, would eat his meal prepared by his wife.

Don Cortez had lived through many fruitful summers, and he had seen many suns and moons alternate. Time had enabled him to harvest crops, raise animals, and have three sons and three daughters. He used the energy of man and beast so that their sweat would provide nourishment for all. Throughout his life, Don Cortez had tried his best to live and work harmoniously with his neighbors.

After eating a light meal, Don Cortez returned to cultivate his garden and to think about the many autumn harvests which had brought him so much happiness. How many times had such a gathering of crops begun in the early Spring and end at the first frost? How many rodeos had he seen? How many adversi-

el levantamiento de cosechas en la parte temprana de la primavera y acabar en la primera helada? ¿Cuántos rodeos había visto? ¿Cuántas adversidades había pasado durante las temporadas de cosecha, haciéndolo pensar del nacer y el morir? La evidencia estaba alrededor y dentro de él. Sus largos días de gran actividad física eran cosas del pasado. Ahora trabajaba más despacio.

¿Qué retratos mentales venían a él de levantar legumbres y frutas?; las labores largas, surcos de tomate, pepino, ocre, espárragos, maíz, coliflor, chile dulce, zanahorias, betabel; líneas largas de cerezas, manzanas, duraznos, pera y árboles de naranja; la lista larga de animales que había tenido; la de nombres de difuntos que había conocido bajo el sol, con quienes había trabajado durante muchas cosechas a través de su vida; todas esas cosas regresaban a su memoria.

Don Cortez amaba su gente morena. Constantemente observaba sus vidas diarias y nada de lo que hacían era extraño para él.

Esa tarde, las fuerzas de la luz comenzaron a pelear con las sombras de la noche. Pronto la obscuridad predominaría, pero la luz ahora escondida bajo la tierra, seguiría apareciendo una y otra vez como era la costumbre. Por ahora la noche se acercaba envolviendo la tierra y toda la actividad de agricultura terminaría. La luna y todos sus satélites cristalinos tomarían sus lugares como lo habían hecho a través de la mano del tiempo.

Don Cortez estaba adentro, su día había terminado, afuera el aire murmullante que hacía remolinos, estremecía los árboles. Podía oír las canciones de los pájaros que se apuraban y sintió una brisa sonar y entrar en su hogar.

Para este tiempo, don Cortez había desarrollado el gran hábito de leer, esto le permitía integrar los pensares de mucha gente diferente. Sentía que las ideas hermosas que la gente podía usar, estaban allí, para ser logradas, especialmente le deleitaba estudiar de Dios y su manera de influenciar los eventos. Sentía que trabajaba bajo la bondad de Dios.

Las posesiones externas no tenían mucho precio para él

ties had he been through during the harvest seasons, enabling him to ponder seriously about growth and decay? The evidence was all around, and within him. His long days of great physical activity were past, and now he worked at a slower pace.

What mental pictures came to him about harvesting vegetables and fruits by men and beasts? The long fields, rows of tomatoes, pickles, okra, asparagus, corn, cauliflower, bell pepper, carrots, beets—long lines of cherry, apple, peach, pear and citrus trees—the long list of animals which he had possessed—the long list of names of the departed whom he had known under the sun and with whom he had worked during the many harvests throughout his lifetime—all returned in his memory.

Don Cortez loved his brown people. He constantly observed their daily lives, and nothing they did was strange to him.

That afternoon, the forces of light began to battle the shadow of night. Soon the dark shadow would predominate in this battle, but the light now hidden under the earth would continue to appear again and again, as it always had. For now, night was approaching to engulf the earth and all agricultural field labor would cease. The moon and its many crystalline satellites would take their places as they have done throughout millenia.

Don Cortez was inside, his day over, while outside the whirling, whispering wind began to move the trees. He could hear the song of worrying birds, and he felt the cool breeze knock and enter his home.

By the time Don Cortez had entered the last stage of his life, he had developed a great habit of reading, and this enabled him to digest the thoughts of many different people. He felt that the beautiful ideas which people could use were there for the taking, and he especially enjoyed to study about God and His manner of influencing events. Don Cortez often felt that he was working under the auspices of God.

All external possessions meant little to him now, and his inner being felt better when he received satisfaction from something he had read. By reading the great authors he felt he could "hear" their ideas and thus share in the

ahora, y su ser interno se sentía mejor cuando recibía satisfacción de lo que leía. Leer los grandes autores lo hacía sentir
que podía oír sus ideas y así compartir las ideas de los hombres
de todas las eras como si pudiera oirlos hablar.

Don Cortez claramente recordó, un día quieto en un bonito valle escondido, que había visto durante sus muchos viajes
alrededor del continente. Sentándose cerca de la orilla de una
laguna apacible, había visto las imágenes de árboles de pino y las
montañas llenas de nieve en la superficie de la laguna. Fue allí
que sintió que cualquier idea que una persona pudiera tener, en
muchos casos, se materializaría.

¿Qué gran energía tenía Dios para materializar la idea de
ese valle hermoso y la laguna? ¿Tenía el hombre tal poder? ¿Y
si tenía esto, cuánto más podría hacer el hombre y a que alturas
podría llegar? ¿Qué pasaría si no hubiera esta tierra, estrellas,
planetas o sabiduría de esta vida? Dios es todo en este mundo,
la falta de comprender a Dios lo hacía sentirse aún más humilde.
A pesar de todo, se preguntaba porqué el hombre despertó de
repente y se halló en esta tierra con la inquietud de sentirse inse-
guro. ¿Qué tenía que hacer el hombre para hallar satisfacción o
sentirse completo? ¿Era esta vida un sueño?

¿Cuántos hombres habían pensado en una vida mejor? ¿Y
cuántos habían escrito sus pensares? ¿Estaba Dios repleto de
ideas buenas? Tal vez los hombres tenían que estudiar los patrones de actividad que aparecen en la tierra para tener orden durante su breve estancia el ella, de donde pronto se irán.

Ese invierno, don Jesús-María-José había tenido bastante
tiempo para prepararse para su gran viaje al lugar extraño, del
que se sabe tan poco. Sentía que como una semilla representaba
la contracción de la historia de la vida de una planta, el también
tomaría un largo descanso. Su trabajo y sus hijos eran evidencia
de su existencia. No se apurarían si él o su esposa se morían
durante el sueño. A pesar de todo, ellos tenían su perro fiel que
los cuidaría y también tenían sus hijos para que cerraran sus
ojos.

Sus amigos ausentes que se habían ido adelante, estarían

timelessness of the good thoughts of men, as if he were hearing them "speak."

Don Cortez clearly remembered a quiet day in a lovely hidden valley which he had seen during his many travels around the continent. Sitting near the edge of that peaceful lake, he had seen the images of fir trees and snow clad mountains on the surface of the lake. It was then that he felt that whatever idea a person would have could, in many cases, materialize.

What great energy did God possess in order to materialize the mental idea of that lovely valley and lake? Did mankind possess this? If so, how much and how far would man go? What if there were no earth, stars, planets, and awareness of life? God is everything in this world. Don Cortez' lack of knowledge about God made him feel much more humble. Yet, he continued to ask himself why man suddenly awoke to find himself on earth with a feeling of insecurity? What did man have to do to find fulfillment or satisfaction? Is life a dream?

How many men had thought about a better life? And how many had written their thoughts down? Was God full of good ideas? Perhaps humans need to study the continuous patterns of activity which appear in the vast expanse of the earth so that they may have order during their few days on earth, and from which they would soon depart.

That winter Don Jesús-María-José had had plenty of time to prepare for his great journey into the unknown. He felt that, as a seed represented the contraction of the life history of a plant, he, too, would take a long rest. His work and his children were evidence of his existence. He need not worry if he or his wife died while sleeping. After all, they had their faithful dog to keep guard. They had their children to close their eyes.

Their absent friends who had gone before them were just across a line. After death they would be guided to Heaven, across an imaginary river or barrier by their dead pet dogs. Perhaps now that he was an old man, sometimes with childish ways, he would believe the story told by his people, that God was expecting the return of His children.

Don Cortez claramente recordó, un día quieto en un bonito valle escondido. . . .

Don Cortez clearly remembered a quiet day in a love hidden valley. . . .

esperándoles hasta que ellos cruzaran una línea. Después de la muerte serían guiados al cielo a través de un río imaginario o una barrera por sus perritos que ya estaban muertos. Tal vez ahora que era un anciano, a veces con ideas de niño, podía creer la historia dicha a la gente, que Dios esperaba el regreso de sus hijos.

El anciano sabía que su tiempo de cruzar el río estaba en mano. Había sido parte de la gran venida y partida de la vida. Haber nacido había sido como la marea que va subiendo. Los osos de los cielos y bosques descansarían y aparecerían otra vez y otra vez, pero él estaría en su camino a desintegrarse y hacerse parte de la madre tierra. ¡No maltrates la santa tierra!

Parte de él regresaría a la tierra de que fue hecho. El suspiro de su vida, su alma se iría con Dios y hallaría paz y quietud. Estaría en una casa segura donde las necesidades de la vida presente no existirían.

The old man knew his time to cross the river was at hand. He had been a part of the great ebb and flow of life. Being born had been like a rising tide. The bears in the heavens and forests would rest and appear again and again, but he was on his way to disintegrate and become part of mother earth. Do not abuse the sacred earth.

Part of him would return to earth from which he had been made. The breath of his life, his soul, would go to God and find peace and quiet. He would be in a secure house where the needs of this present life did not exist.

CHICANITOS ESPERAN

EL COMIENZO DEL CICLO MIGRATORIO . . .

Las actividades del "Salón de oportunidades" disminuía porque el día escolar se estaba terminando. Había mucho que hacer y aprender para alcanzar al resto de los estudiantes que habían tenido la suerte de permanecer en la escuela durante todo el año.

En ese día de la primavera tardía, el número de estudiantes en el salón de "movilidad para adelantarse más arriba" continuaba disminuyendo, familias enteras continuaban yéndose a otros estados en busca de mejores oportunidades. Mientras, muchos de los estudiantes estaban excitados por sus vacaciones, pero para otros, las vacaciones estarían combinadas con trabajos de agricultura.

Muchos pensares pasaban por sus mentes. ¿Los iban a pasar a otro grado? ¿Iban a ser puestos en una clase regular? Una cosa era segura, iban a tener más edad que otros estudiantes. Aprender era difícil para ellos, porque tenían que aprender la materia de los temas enseñados y también la lengua de tal instrucción. Había muchas frustraciones diarias, y estas no eran incentivos para aprender. El ambiente escolar ponía mucha presión en las mentes de los jóvenes. La escuela entera tenía que cambiar. De todos modos, había solamente un salón que los maestros separaban para los estudiantes que tenían "problemas."

CHICANITOS

AWAIT THE BEGINNING

OF THE MIGRANT CYCLE...

The activities in the "opportunity room" were slowing down as the school day was drawing to an end. There was so much to do and learn in order to catch up with the rest of the students who had been lucky enough to stay in school all year round.

During that late spring day, the number of students in that "upward bound" classroom continued to diminish as entire families continued to leave for other states in quest of better working opportunities. While many of the students were excited about their vacations, for others such activities would be combined with labor in agriculture.

Thoughts ran through their minds. Were they going to be promoted to another grade level? Were they going to be placed in a regular classroom? One thing was certain. They were going to be older than the other students. Learning was hard for them because in addition to learning the subject matter they were also learning the language in which the instruction was given. There were so many daily frustrations, and these were not incentives to learn. The school environment was very pressing to many a young mind. The entire school needed a change. Instead, there was one room set aside for "problem" students.

The dismissal hour was drawing near, and anxious eyes looked out the window at the many buses which would take

La hora de salir se acercaba, ojos ansiosos miraban fuera de las ventanas a los autobuses que los llevarían a sus casas. Nomás que se fueran los estudiantes, los niños de hogares pobres, estarían en su mundo, fuera de la cultura de la escuela.

Muchos padres trataban de motivar a sus hijos para que aprendieran y permanecieran en la escuela, pero los padres no sabían lo que sufrían sus niños. Todo lo que aprendían tenía que ser visto de dos maneras, mientras trataban de aprender.

No siendo aceptados igualmente los hacían querer aprender de todos modos. Combinaban su diferente herencia cultural y sus puntos de vista morales para conseguir una manera mejor de comprender el mundo que los rodeaba. Hubiera sido magnífico aprender dos lenguas que tenían tanto que ofrecer. Hubiese sido como quien añade una nueva documentación, algo extra para deleitación.

Era increíble que los maestros les dijeran que su lengua no servía para ser usada en la escuela. A los niños pobres, les quitaban su derecho de hablar y de tener ellos una identidad propia. Para algunos, era como si les dijeran que no resollaran.

La siguiente mañana, la maestra regular, la señora Dillman no apareció porque estaba enferma. Un nuevo maestro, reclutado del sur, hizo su entrada. Su manera de enseñar pronto lo hizo sentirse solo. Veía que los estudiantes no le podían pelear y la pasividad lo hizo enojar. Ese día insultó a los muchachos chicanos rudamente por usar su pelo diferentemente y por su forma de vestir. El maestro de substitución duró por una semana y cuando la Sra. Dillman regresó a su trabajo, todo el mundo se alegró.

Ella le ayudaba a sus estudiantes sin enojarse. En ese día llegó al salón con una carta en la mano. Uno de sus amigos, Pablo Ruiz, les había escrito. Todo el mundo miraba mientras la carta fue abierta y leída por la maestra que estaba excitada y que hablaba en un tono que agradaba a los alumnos.

Muy estimada señora Dillman y mis amigos:
    No les había escrito hasta ahora debido a las muchas cosas inconfortables que nos han pasado.

them home. As soon as the students would leave, the students from poor homes would be back in their world which was outside of the culture they were trying to live in during the school hours.

Many parents tried to motivate their children to learn, and stay in school, but the parents didn't know what their children were going through. Everything the children knew now had to be viewed differently, as they tried to learn.

But not being accepted equally made them feel that they had to learn by trying to combine their different cultural heritage, their moral views, in order to come up with a better way of understanding the world around them. It would be magnificent to know the two languages which had so much to offer. It would be like adding a new dimension, something extra to enjoy.

It was unbelievable that their teachers would tell them that their language was unfit to be spoken at school. To the poor children, it was depriving them of their right to speak, and to be themselves. To some, it must have been like telling them not to breathe.

The following morning the regular teacher, Mrs. Dillman, did not show up due to illness. A new teacher, recruited from the South, made his appearance. His manner of teaching soon left him feeling alone, looked at by pupils who couldn't fight him and who became so passive as to arouse his anger. That eventful day he insulted the Chicano boys rudely for wearing their hair in a different manner and for their way of dressing. The substitute teacher lasted a week, and when Mrs. Dillman returned to her work everyone rejoiced.

Mrs. Dillman helped her students without showing anger. On this day she came into the room with a letter in her hand. One of their friends, Pablo Ruiz, had written to them. Everyone watched as the letter was opened and read by the teacher who was excited and who spoke in a tone of voice everyone had learned to enjoy.

Muy estimada Mrs. Dillman and mis amigos:
I had not written until now due to many uncomfortable things which have happened to us.

Nomás les quería decir que los echo mucho de menos, y que me sentí muy triste cuando los dejé, debido a nuestra falta de dinero para comprar comida para nuestra familia.

En nuestro viaje, continué pensando en ustedes constantemente como uno lo hace cuando está separado de un ambiente al que está acostumbrado. Desde entonces, he trabajado en muchas labores y en actividades que consumen el tiempo y hacen a uno que se olvide de todo. Cuando tuve una oportunidad, levanté mi cabeza y miré a mis alrededores. Mi mente se llenó de preguntas. El trabajo de andar agachado es malo de todas maneras.

En nuestro viaje a South Dakota nos dormimos cerca del Golfo de México y tuvimos una chance de nadar en el mar. ¡El mar está tan ancho y hermoso! Espero verlo otra vez cuando regresemos a nuestros hogares. Colecté bastantes conchas del mar que le daré a nuestra clase de biología cuando regrese.

Leyendo los libros que me recomendó la señora Dillman me ayudé bastante y siento que podría aprender aún más si tuviera las cosas que necesito. Los animales, árboles y piedras son todos diferentes e interesantes en todas partes de este país. Todo el tiempo busco las diferencias porque le dan a este mundo su diversidad. Qué bonito sería tener a alguien ayudándote mientras uno aprende. ¡Qué suerte ustedes tienen!

Bueno, el primer tiempo malo que tuve, tomó lugar en la oficina de inmigración en Encino, Texas, donde les faltó muy poco en detenerme porque la migra pensó que era uno de esos de México que estaba aquí ilegalmente y que había ya aprendido suficiente inglés. Pero uno de los oficiales no quedó de acuerdo y nos permitió que siguiéramos en nuestro camino. Si eso no hubiera pasado, nuestra familia

I just want to tell you that I miss all of you very much, and that I felt very depressed when I left you all due to our need for money to buy food for our family.

On our way here I kept thinking about you constantly, as one does when separated from an environment to which one is accustomed. Since then, I have worked in many fields and in such time-consuming activity that I forget about nearly everything. When I have a chance, I raise my head and look around me. My mind becomes full of questions. Stoop labor is detrimental in so many ways!

On our way to South Dakota we slept near the Gulf of Mexico and had a chance to swim in the ocean. The sea is so big and beautiful! I hope we can see it again as soon as we are on our way home. I collected plenty of sea shells which I'll give to our biology class when I return.

Reading the books which Mrs. Dillman recommended has helped me plenty, and I feel I could learn a lot more if I had the things to work with. The animals, trees, rocks, are all different and interesting in all parts of this country. I always look for differences, for they give this world its variety. How great it would be to have someone helping you while you are learning. You lucky guys!

Well, the first hard time I had took place at the immigration office at Encino, Texas where I was nearly detained because the Migra thought I was one of those from Mexico here illegally, and who had learned enough English. But one of the officers did not agree and let us go on our way. If that hadn't happened, our family would have been forced to return home and try again. I only wish such law officers knew more about us. As we left I gave the officer some oranges I had picked from Mr. Kaufmann's

hubiera sido forzada a regresar y tratar de volver al norte otra vez. Solamente quisiera que tales oficiales de las leyes supieran más de nuestra gente. Mientras nos íbamos le dí al oficial algunas de las naranajas que pisqué de las hortalizas del señor Kaufmann cuando él no estaba. Oh que espera uno, lo del agua al agua.

Tuvimos la oportunidad de comer en las barrancas del Río San Gabriel y nos quedamos allí por tres horas, para que todo el mundo descansara. Hallé bastantes fósiles ya que el río no estaba crecido y podíamos andar en su lecho. Quería quedarme con el fósil de un cuerno de carnero grande, pero no pude porque otro migrante más liviano me lo robó.

Fue aquí donde la gente de inmigración nos rodeó otra vez. Con la excepción de ésto, tuvimos un buen tiempo.

Desde que me vine, he conocido muchas clases de chicanos y migrantes y nos han dicho muchas otras cosas de los lugares de donde vienen. En nuestra clase estudiamos muchos lugares interesantes, pero creo que hablando con gente diferente, uno puede compartir muchas ideas. José, mi amigo, tu podrás aprender tantas historias, leyendas e historias verdaderas de tanta gente. Esto hace a un mapa tener vida.

Ahora ya casi estamos acabando de limpiar las labores de hierbas. Pronto nos iremos a Michigan en donde el tiempo en esta parte del año es maravilloso. Estamos esperando tener un tiempo bueno en Michigan si podemos ahorrar algunos centavos.

Si alguno de ustedes se están yendo para Michigan u Ohio, por favor infórmenme para que podamos vernos o tal vez ayudarnos en caso que haya necesidad. Tal vez nos puedan traer comidas mexicanas que no podemos conseguir aquí. Por favor escríbannos, y

orchards when he wasn't around. Oh well, lo del agua al agua.

We had the opportunity to have lunch on the banks of the San Gabriel River, and we stayed there for three hours so that everyone could relax. I found plenty of fossils since the river was not full and we could walk on the riverbed. I wanted to keep a fossil of a ram's horn but wasn't able to since another darn Migrant stole it from me.

It was here that the immigration people surrounded us again. Except for that, we had a nice time.

Since my departure I have met many other kinds of Chicanos and Migrants and they told us many things about where they have come from. In our classroom we studied many interesting places, but I believe that by talking with different people one may share so much. José, my friend, you would learn many stories, legends, and histories about so many people. This makes a map come alive.

Now we are nearly through clearing the beet fields of weeds. We'll soon be on our way to Michigan where at this time of year the weather is marvelous. We are looking forward to having a wonderful time in Michigan, if we can save some money.

If any of you are heading for Michigan, or Ohio, please keep me informed so that we can see each other, or perhaps help one another in case there is need. Maybe you can bring us Mexican foods which we cannot find here. Please write. And Mrs. Dillman may even send me some homework. Me quiero aventar, ese.

I am going to close for now, but I'll keep you informed of my whereabouts. Regards to all camaradas. Don't forget to study. I can't do that

la señora Dillman también me puede mandar más
tareas. Me quiero aventar, ese.

Voy a cerrar por ahora, pero les continuaré in-
formando donde estoy. Muchos recuerdos a todos mis
camaradas. No se les olvide estudiar. No puedo hacer
muchos estudios porque estoy mucho muy cansado al
final del día.

Sinceramente

Pablo Ruiz

Mientras la Sra. Dillman acababa de leer la carta, todos los
estudiantes estaban asociando las palabras de Pablo a sus experiencias propias. Pronto, ellos también se irían en su camino a
juntarse con Pablo en el trabajo migratorio de labores.

very much for I'm very tired at the end of the day.

Sincerely,

Pablo Ruiz

As Mrs. Dillman finished reading the letter, all her pupils were relating his words to their own past experiences. Soon they would also be on their way to join Pablo in Migrant work in the fields.